TEMAS TRANSVERSAIS, PEDAGOGIA DE PROJETOS E AS MUDANÇAS NA EDUCAÇÃO

CIP-BRASIL. CATALOGAÇÃO NA PUBLICAÇÃO
SINDICATO NACIONAL DOS EDITORES DE LIVROS, RJ

A689t

Araújo, Ulisses F.
  Temas transversais, pedagogia de projetos e as mudanças na educação / Ulisses F. Araújo. – São Paulo: Summus, 2014.
  120 p. : il.

  Inclui bibliografia
  ISBN 978-85-323-0958-7

  1. Educação – Estudo e ensino 2. Educação – História 3. Psicologia da educação 4. Aprendizagem. 5. Professores – Formação I. Título.

14-12508   CDD-370
                                            CDU: 37

www.summus.com.br

Compre em lugar de fotocopiar.
Cada real que você dá por um livro recompensa seus autores
e os convida a produzir mais sobre o tema;
incentiva seus editores a encomendar, traduzir e publicar
outras obras sobre o assunto;
e paga aos livreiros por estocar e levar até você livros
para a sua informação e o seu entretenimento.
Cada real que você dá pela fotocópia não autorizada de um livro
financia o crime
e ajuda a matar a produção intelectual de seu país.

TEMAS TRANSVERSAIS, PEDAGOGIA DE PROJETOS E AS MUDANÇAS NA EDUCAÇÃO

ULISSES F. ARAÚJO

summus editorial

TEMAS TRANSVERSAIS, PEDAGOGIA DE PROJETOS E AS MUDANÇAS NA EDUCAÇÃO
Copyright © 2004, 2014 by Ulisses F. Araújo
Direitos desta edição reservados por Summus Editorial

Editora executiva: **Soraia Bini Cury**
Assistente editorial: **Michelle Neris**
Coordenação da Coleção Novas
Arquiteturas Pedagógicas: **Ulisses F. Araújo**
Capa: **Alberto Mateus**
Projeto gráfico e diagramação: **Crayon Editorial**
Impressão: **Sumago Gráfica Editorial**

Summus Editorial
Departamento editorial
Rua Itapicuru, 613 – 7º andar
05006-000 – São Paulo – SP
Fone: (11) 3872-3322
Fax: (11) 3872-7476
http://www.summus.com.br
e-mail: summus@summus.com.br

Atendimento ao consumidor
Summus Editorial
Fone: (11) 3865-9890

Vendas por atacado
Fone: (11) 3873-8638
Fax: (11) 3872-7476
e-mail: vendas@summus.com.br

Impresso no Brasil

SUMÁRIO

APRESENTAÇÃO 7

1 AS REVOLUÇÕES E AS MUDANÇAS EDUCACIONAIS . . 13

2 ORIGENS DAS DISCIPLINAS 25
Os caminhos da interdisciplinaridade 33

3 OS CAMINHOS DA TRANSVERSALIDADE 43
Os objetivos da educação 46
Os temas transversais 51
O caminho construtivista 55

4 A PEDAGOGIA DE PROJETOS E A TRANSVERSALIDADE NA SALA DE AULA 61

As disciplinas curriculares são o eixo vertebrador
do sistema educacional e o atravessam 62
As temáticas transversais são o eixo vertebrador
do sistema educacional, sua própria finalidade 70
Os projetos como estratégia pedagógica 75

5 O CONHECIMENTO EM REDE E OS PRINCÍPIOS DE TRANSVERSALIDADE 81

O conhecimento como rede 85
A rede e o projeto como estratégia pedagógica 88

6 A NECESSIDADE DE REINVENTAR A EDUCAÇÃO . . 107

Em síntese 114

REFERÊNCIAS 117

APRESENTAÇÃO

Dizem que mais difícil do que adquirir novos conhecimentos é conseguir desprender-se dos velhos. Abandonar uma ideia supõe renunciar a uma parte de nosso pensamento – daquele que consideramos verdade durante muito tempo – e deixar-se fascinar pelo insólito. É nessa capacidade de fascinação que reside o gérmen do progresso.
Moreno et al., 1999

PARA INOVAR NA EDUCAÇÃO é necessário fascinar-se pelo insólito, pela aventura intelectual de trilhar caminhos ainda não percorridos, assumindo princípios de incerteza e de indeterminação como parceiros dessa viagem. Mas isso deve ser feito com sabedoria e segurança. Afinal, como discutiremos neste livro, a inovação não se assenta sobre o vazio ou sobre bases frágeis. Conservar, transmitir e enriquecer o patrimônio cultural e científico da humanidade são princípios que justificam a própria existência da educação, tanto formal quanto informal.

As transformações sociais, políticas e econômicas que vivenciamos nas décadas recentes estenderam a educação formal para quase 100% da população, trazendo consigo demandas e necessidades de uma sociedade democrática, inclusiva, permeada por diferenças. Além disso, o surgimento de novas realidades e linguagens, digitais e virtuais, vem demandando de educadores, políticos e da população em geral uma reinvenção da escola que conhecemos, cujo modelo se consolidou no século 19.

Para continuar ocupando o papel de destaque que as sociedades lhe destinaram nos últimos 300 anos, a escola depende, paradoxalmente, tanto da capacidade de conservar suas características de excelência e de produtora de conhecimentos como da capacidade de transformação para adaptar-se a novas tecnologias e exigências da sociedade, da cultura e da ciência.

Esse é o eixo que sustenta a construção deste livro.

Ele é resultado de mais de 15 anos de experiências trabalhando, debatendo e ensinando em escolas e universidades em busca da inovação dos métodos e processos de ensino, de aprendizagem e de organização curricular e tecnológica. Experiências iniciadas na rede de ensino do município de Porto Feliz (SP) em 1998, na Escola Comunitária de Campinas (SP) de 2000 a 2004, passando pela participação ativa no grupo que concebeu e criou o projeto acadêmico da Escola de Artes, Ciências e Humanidades da Universidade de São Paulo (USP Leste) a partir de 2004 e, mais recentemente, pela criação de cursos na mais nova universidade pública paulista: a Universidade Virtual do Estado de São Paulo (Univesp).

A matriz do livro é a obra *Temas transversais e a estratégia de projetos* (Moderna, 2003), publicação baseada nas primeiras experiências dessa trajetória, agora revisitadas com base no trabalho recente no nível superior da educação e na formação de professores para estes novos tempos.

Para melhor compreender os contextos de inovação e demandas de reinvenção da educação e das escolas, o primeiro capítulo trata das revoluções educacionais ao longo da história desde o Egito antigo, tendo como referência o excelente trabalho do filósofo espanhol José Esteve e sua obra *A terceira revolução educacional* (Moderna, 2004). Essa revolução discute o impacto nas salas de aula e nas políticas públicas de um modelo inclusivo de educação que leva todas as pessoas para dentro das escolas, numa perspectiva sem precedentes na história da humanidade, o que gera demandas para a construção de novas arquiteturas pedagógicas e novas formas de pensar o papel da educação.

Um dos fundamentos para a reinvenção da escola decorrente da terceira revolução é a necessidade de inovar os conteúdos ali trabalhados, mas sem abrir mão daqueles construídos historicamente pela humanidade. Por isso, o segundo capítulo dedica-se a apresentar uma breve história dos conteúdos disciplinares, mostrando por que temos as atuais disciplinas de História, Geografia, Ciências, Matemática, Educação Física, Artes e Linguagem como eixos do currículo, e como novas abordagens epistemológicas – como as teorias de complexidade e a interdisciplinaridade, a multidisciplinaridade e a transdisciplinaridade – vêm mudando essa história nas décadas recentes.

Outro caminho trilhado na reinvenção da educação, abordado no terceiro capítulo, é a introdução no currículo do que vem sendo chamado de "temas transversais em educação". A discussão é polêmica, pois existem diversas leituras e compreensões sobre seus significados, mas todas são de extrema relevância para os profissionais da educação que desejam atuar na transformação da escola e da sociedade. Suas bases fornecem os instrumentos para a busca de um ensino mais ético, justo e preocupado com os interesses e as necessidades da maioria da população. O capítulo termina com a defesa epistemológica do construtivismo como forma essencial da nova educação, em que o cerne dos processos de ensino e aprendizagem seja o protagonismo dos estudantes.

O quarto capítulo busca promover discussões e reflexões que permitam ao leitor enveredar-se pelos sinuosos caminhos da transversalidade, tendo a pedagogia de projetos como principal metodologia para um modelo educativo que adota a interdisciplinaridade e a transversalidade como referência de uma escola coerente com as demandas da terceira revolução educacional.

O quinto capítulo traz o exemplo concreto de um projeto, desenvolvido em sala de aula de quinto ano do ensino fundamental, que empregou a metáfora da "rede" de conhecimentos como referência, a fim de materializar na prática docente a concepção de transversalidade adotada pelo livro. É uma maneira de explicitar que esses novos caminhos não são teóricos: já se encontram em pleno desenvolvimento nas escolas de nosso país.

No último capítulo, discutimos a necessidade de reinventar a educação como o maior desafio para a nossa geração de educadores, tendo a busca da qualidade educativa para todas as pessoas como meta a ser atingida. Nessa caminhada, procura-se mostrar que mudanças em conteúdos, métodos e relações entre docentes e estudantes são a base da reinvenção da escola, sendo as temáticas abordadas nos capítulos anteriores condizentes com propostas que nos permitam atingir a meta de qualidade almejada.

Enfim... vamos à leitura desta obra, e espero que os leitores se fascinem pelo insólito, por novas ideias e paradigmas educacionais, tendo como meta a construção de novas arquiteturas pedagógicas.

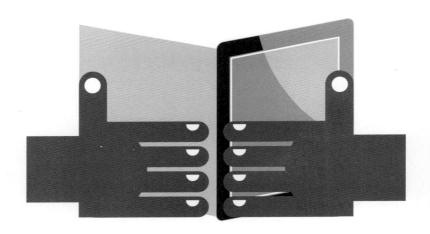

1
AS REVOLUÇÕES E AS MUDANÇAS EDUCACIONAIS

As revoluções que melhor resistem à prova do tempo são as revoluções silenciosas. É difícil encontrar nelas um momento definido, uma ação específica que possa ser apontada como o momento preciso em que veio à luz a mudança de mentalidade que engendra as revoluções. As revoluções silenciosas avançam na mentalidade das pessoas, mudam pouco a pouco seus valores e atitudes.

ESTEVE, 2004

A EPÍGRAFE ACIMA NOS lembra de que as revoluções silenciosas são aquelas que transformam o mundo lentamente, por meio de mudanças de mentalidade que aos poucos despertam as pessoas para novas realidades e diferentes formas de compreender as relações humanas com a natureza, a sociedade, a cultura e a política. No campo da educação, tais processos, históricos, ajudam a compreender a escola e suas relações com o conhecimento nos dias atuais. Por isso, neste primeiro capítulo faremos um breve passeio pelas principais revoluções educacionais que marcaram principalmente o mundo ocidental.

José Esteve (2004) identifica como a primeira revolução educacional na história a criação de escolas – como instituições com o propósito específico de ensinar – no antigo império egípcio, há cerca de 3.500 anos. Elas foram criadas e disseminadas em torno de 1.500 a.C. pelo faraó Tutmés I, da XVIII Dinastia, monarca que enfatizava a importância da educação e incentivava a cultura.

Localizadas principalmente nos templos, de acordo com Smith (2000), as casas de instrução tinham como função inicial ensinar, por meio da memorização, os símbolos (hieróglifos) da escrita egípcia. A escrita, considerada um instrumento divino dado pelo deus Tot a alguns homens, era posteriormente ensinada a alunos selecionados que passavam a utilizar o papiro para a sua realização. Formavam-se, então, os escribas, que pertenciam à elite sacerdotal e da administração do Estado.

A educação escolar configura-se, desde esse momento, como algo importante para a sociedade, mas reservada a uma pequena parcela da população, composta pela elite social e religiosa.

Em várias outras culturas surge essa "intencionalidade" do processo educativo sistematizado em espaços destinados a essa atividade, como se pode aferir na história da educação de sociedades antigas como a hindu, a chinesa, a grega, a romana etc. Em todas elas a escola se voltava para uma pequena parcela da população, mantendo um forte vínculo com o aparato religioso.

Evidente que o processo educativo, intencional, existia há muito mais tempo nas mais diversas culturas da Antiguidade, mas sua característica era eminentemente familiar, estando sob responsabilidade quase exclusiva das mães. No antigo Egito, inclusive, existia um sistema de inspeção mantido pelo Estado para acompanhar a educação dada pelas mães, demonstrando a importância atribuída por aquela cultura à formação dos jovens da elite. Mas o espaço onde ocorria a educação era o da família, de natureza privada e não pública, como é o caso das casas de instrução e dos diversos tipos de escolas que foram surgindo nas sociedades antigas a partir desse momento.

Sempre existiu outro tipo de educação voltada para o trabalho, que cuidava da formação dos artesãos e ensinava outras atividades manuais importantes para cada sociedade. Essa formação, no entanto, também era familiar, exercida no âmbito privado e sem responsabilidade pública.

Essas observações sobre a criação de espaços exclusivos para ensinar as novas gerações são importantes para compreender a chamada educação em espaços públicos nos mais de 3 mil anos seguintes, nas mais diversas culturas: a educação concebida como algo divino, que deve ser restrita aos poucos escolhidos para gerir os rumos da sociedade em estreita ligação entre o(s) deus(es) e seus representantes vivos, encarnados. Esses espaços geralmente se localizavam em templos religiosos, em palácios ou em locais privados.

O período da primeira revolução educacional é muito longo, não sendo objetivo deste livro detalhar as inúmeras formas como as diferentes culturas e sociedades trataram a educação formal e não formal de seus jovens. Mas podemos trazer alguns exemplos que demonstram suas principais características.

Miremos a Atenas clássica, que em torno de 300 a.C. criou a Academia, local dedicado ao ensino da palavra, da música, das ciências – enfim, à formação intelectual dos jovens. Nessa sociedade, o mestre cuidava da educação do discípulo. O objeto da educação era a *paideia* – sistema educacional baseado na conversação filosófica e não apenas na transmissão de saber. Tratava-se de um conjunto de técnicas sociais por meio das quais os jovens eram iniciados na vida adulta segundo um ideal de formação humana.

A escola da sociedade romana sofreu muita influência da cultura grega e, apesar de algumas diferenças, manteve os mesmos princípios que privilegiavam o ensino da gramática e da retórica para as classes dirigentes políticas e militares. De acordo com Cambi (1999), os romanos criaram uma organização sistemática das escolas em graus variados e produziram instrumentos didáticos (manuais). Os alunos eram instruídos pelos *paedagogus* e pelos *magister*.

Esse processo não é muito diferente na Idade Média, tanto na Europa quanto no mundo bizantino (que herdou o modelo cultural grego) e islâmico, no período que compreende os séculos 4 a 15. Segundo Cambi (1999), na Europa feudal a formação das elites estava centrada na transmissão dos saberes em escolas organizadas pela igreja cristã. Esta, assumindo o papel do Estado, tinha uma fundamentação nitidamente religiosa, adotando um saber dogmático baseado em esclarecer e mostrar a "verdade". As escolas islâmicas, no mesmo período, funcionavam nos mesmos moldes, centradas na figura dos preceptores particulares, de círculos educacionais e casas de instrução que tinham por objeto o ensino de diversos conhecimentos e, principalmente, o religioso.

A partir do final do século 15, inicia-se na Europa o chamado Renascimento. Busca-se resgatar e enriquecer a cultura grega, a visão humanista e a *paideia* clássica, relegadas a segundo plano durante a Idade Média. É um período de grandes transformações culturais, políticas, sociais e econômicas, com forte impacto na educação e nos conhecimentos produzidos nas sociedades europeias. Vale destacar a criação da *Ratio studiorum* pelos jesuítas, com grande repercussão pedagógica nos mais diferentes países e colônias europeias. A *Ratio* institucionalizava a separação dos alunos por idade e baseava-se numa estrutura curricular rígida e bem organizada. Esse marco simboliza, apesar de todos os avanços em 3 mil anos de história, uma das principais características da primeira revolução educacional: o papel central da religião na educação. Outros marcos importantes ocorrem nesse período – que se estende até o final do século 18 – principalmente a criação do pensamento pedagógico por pensadores como Pestalozzi, Comênio, Diderot e D'Alembert.

O pintor francês Jean-Baptiste-Siméon Chardin (Paris, 1699-1779), que gostava de representar cenas da vida cotidiana da burguesia francesa, pintou em 1736 o quadro *A jovem professora* (hoje exposto na National Gallery, em Londres). Essa obra, reproduzida abaixo, pode simbolizar uma característica dessa primeira revolução educacional que não sofreu alterações no período e apenas começou a se transformar efetivamente com as mudanças da sociedade e com as ideias de educadores renascentistas: a relação individual entre mestre e discípulo, entre preceptor e aluno.

FIGURA 1 • A jovem professora, *de Chardin*

Destaca-se que, embora muitos dos exemplos mencionados não sejam de modelos de educação baseados exclusivamente numa relação individual, os espaços de instrução destinavam-se a poucos eleitos. Essa característica, ao lado do sincretismo entre educação e religião, pode ser considerada um marco do período em que prevaleceu a primeira revolução educacional.

A criação e a estruturação das primeiras universidades europeias a partir dos séculos 12 e 13, como as de Bolonha (Itália), Paris (França), Oxford e Cambridge (Inglaterra), Lisboa (Portugal) e Valência (Espanha) – embora estas de início mantivessem o forte vínculo religioso e atendessem apenas às elites da época –, tiveram papel fundamental no surgimento e no desenvolvimento do pensamento renascentista e na consolidação dos alicerces de uma nova revolução silenciosa na educação, que chegou concretamente à educação básica e inicial somente no final do século 18. Assim, foi um longo período de transformações culturais, políticas, sociais e econômicas que provocaram mudanças na mentalidade das pessoas e em seus valores e atitudes.

De acordo com José Esteve (2004), em 1787 surge o que pode ser considerado o marco da segunda revolução educacional na história da humanidade: o decreto do rei Frederico Guilherme II que tornava obrigatória a educação básica na Prússia, tirando do clero a gestão das escolas. Estas passaram a ser públicas e geridas pelo Estado.

Esse movimento é paralelo à chamada Reforma Pombalina, iniciada quando o marquês de Pombal, primeiro-ministro português de 1750 a 1777, expulsou os jesuítas de Portugal e de suas colônias, substituindo suas escolas pelas "aulas régias" – que deveriam ensinar de forma avulsa o Latim, o Grego, a Filosofia e a

Retórica. Porém, essa reforma portuguesa, inspirada nos ideais do Iluminismo que se espalhavam pela Europa, gerou um sistema educacional fragmentado, em que o Estado e outras ordens religiosas compartilhavam a responsabilidade pela educação.

Nessa época, os Estados nacionais (europeus, basicamente) consolidaram sua importância para o desenvolvimento dos indivíduos e da sociedade. Nos séculos 18 e 19, ainda não estavam plenamente difundidos no pensamento ocidental os princípios fundadores da Revolução Francesa (liberdade, fraternidade e igualdade); prevalecia culturalmente nas sociedades europeias uma visão aristocrática em que direitos e privilégios de uma pequena parcela da população, sua elite, eram exercidos em detrimento da grande maioria dos indivíduos.

Embora a educação formal começasse a ser compreendida como essencial para o desenvolvimento e para as relações da sociedade, seu acesso ficava restrito à aristocracia e à burguesia. Ou seja, a educação formal, aquela que deveria ser praticada nos espaços públicos, não era estendida a todos, mas apenas aos filhos da elite aristocrática e socioeconômica – a quem caberia, no futuro, produzir conhecimentos e gerir os destinos da sociedade. Trata-se do mesmo modelo adotado na criação das universidades europeias desde o século 12 que vinha, desde então, se expandindo pelos diversos Estados daquele continente.

Configurou-se nesse movimento histórico um modelo pedagógico e arquitetônico de instituição educativa centrado na figura do professor, que era o detentor e transmissor do conhecimento.

Do ponto de vista pedagógico, isso decorria de um quadro em que os livros eram produzidos artesanalmente e, por isso, raros, caros, de difícil acesso, geralmente disponíveis apenas nas poucas bibliotecas existentes. O professor era aquele que teve oportunidade de estudá-los e, portanto, encarregava-se da transmissão dos conhecimentos aos alunos. Por outro lado, as classes continham um número limitado de estudantes, que seriam os receptores desse conhecimento sistematizado pela cultura e pela sociedade.

De forma complementar, apesar da industrialização emergente no século 19, a base da economia das sociedades europeias era eminentemente agrária. Como apenas uma minoria da população estudava, permitia-se uma organização educacional calcada na seletividade, na busca da homogeneização dos grupos de estudantes, excluindo-se com facilidade os que tinham dificuldades de aprendizagem ou problemas de conduta. Quanto mais alto o nível de ensino, mais seletivo este se tornava. Importante destacar, ainda, numa leitura feita sob nossa perspectiva atual, que se legitimava a exclusão das mulheres, dos pobres e das pessoas oriundas de minorias etnossociais.

O espaço e a configuração das salas de aula foram pensados nesse contexto: poucos alunos, encerrados em salas pequenas. Nesse local para as aulas, destinava-se um espaço ao professor, detentor do conhecimento, com uma lousa de apoio para o ensino. O maior espaço era destinado aos estudantes, que ficavam de frente para o professor para melhor receber o que ele lhes transmitia. Nesse modelo pedagógico centrado no ensino e no professor, competia a este controlar o conhecimento, a sala de aula e os alunos. Evidentemente, para isso, os espaços não podiam ser amplos, bem como devia ser limitado o número de estudantes sob sua responsabilidade. Voltarei a esse ponto adiante.

Como reflexo da consolidação dos ideais de "igualdade" da Revolução Francesa, José Esteve (2004) mostra que, ainda no século 19, começam a surgir ideias de uma educação para todas as pessoas, vistas naquele momento como uma utopia por muitos. A partir da segunda metade do século 20, no entanto, vai se consolidando o que o autor chama de "terceira revolução educativa": extinguem-se os sistemas educativos baseados na exclusão da grande maioria da população e procura-se escolarizar 100% das crianças – não apenas nas séries iniciais, mas, como nos dias de hoje, até a adolescência.

Essa busca da universalização do ensino está nitidamente vinculada ao processo de consolidação da concepção moderna de democracia nas nações ocidentais, não sendo seu desenvolvimento um processo isento de tensões.

A democratização e a universalização do ensino trouxeram a diversidade para dentro das salas de aula; novos contingentes populacionais pouco habituados ao universo da educação básica e superior passaram a fazer parte desse cotidiano. Refiro-me não apenas ao acesso à educação por parte das mulheres, das crianças oriundas das classes socioeconômicas mais baixas e das minorias etnossociais, mas de uma diversidade mais ampla, que rompe a homogeneização esperada no passado e inclui pessoas com diferenças de valores, de capacidade física, cognitiva, afetiva e moral.

A integração desses "novos" alunos e alunas às salas de aula – muitos deles filhos de pais não escolarizados e, portanto, representantes de uma primeira geração que tem acesso ao ensino escolar – demanda pensarmos em novas formas de se conceber a educação. A luta pela igualdade de condições e pelo direito de inclusão de todas as pessoas no sistema educativo – fenômeno recente do ponto de vista histórico –, associada a mudanças estruturais no papel do conhecimento no mundo atual, determina um forte debate sobre o papel da educação. Defrontamo-nos, assim, com novas demandas que abarcam a adoção de políticas públicas capazes de proporcionar não apenas o acesso e a permanência na escola, mas também o acesso ao conhecimento produzido pela humanidade.

Tal movimento, por certo, leva a um impasse socioeconômico-cultural de grandes consequências e ainda não percebido por todos os políticos, educadores e muitas instituições educacionais: será que a educação pública tal como a conhecemos, concebida nos séculos 18 e 19 para atender a uma pequena parcela da sociedade e com um modelo pedagógico-científico em que o conhecimento estava centrado no professor, dá conta de atender aos anseios e às necessidades da sociedade contemporânea? A resposta é claramente negativa, mas voltaremos a esse tema de forma específica no último capítulo deste livro.

O que é importante destacar agora é que as transformações educativas que levaram à segunda revolução educativa, e também à terceira, estavam vinculadas a movimentos socioculturais, econômicos e científicos pelos quais passava a sociedade europeia desde o chamado Renascimento.

Esses movimentos, em especial nos séculos 17, 18 e 19, refletiram-se na sistematização dos conteúdos ensinados nas escolas e universidades, passando a ser muito bem definidos e coerentes com os princípios do Iluminismo, que se fortalecia nas sociedades europeias: uma educação universal e para a razão.

Os ideais difundidos na época advogavam a razão como a fonte de todo o conhecimento verdadeiro. Assim, as escolas básicas deveriam ensinar a seus alunos (do sexo masculino) a língua, a matemática, as ciências e a cultura a fim de desenvolver a racionalidade do pensamento.

Para compreendermos melhor a relação dos conteúdos escolares com as mudanças na educação nos séculos recentes, o próximo capítulo centrará a origem das disciplinas e seu impacto na educação e na ciência contemporânea do século 20.

2

ORIGENS DAS DISCIPLINAS

Os desenvolvimentos disciplinares das ciências não só trouxeram as vantagens da divisão do trabalho, mas também os inconvenientes da superespecialização, do confinamento e do despedaçamento do saber. Não só produziram o conhecimento e a elucidação, mas também a ignorância e a cegueira.

MORIN, 2001

NAS ÚLTIMAS DÉCADAS, MUITOS autores dedicaram-se a descrever, analisar e criticar as consequências, para a ciência e para a educação, do que vem sendo chamado de "modelo cartesiano", por apoiar-se nas ideias do filósofo francês René Descartes. Diferentemente daquelas da Idade Média, tais ideias estabeleceram no século 17 as bases de um novo paradigma para a ciência e para as mais diversas áreas do conhecimento e da vida humana.

Descartes estruturou o conhecimento em um "método", depois chamado de "científico", que assumia a imagem e a semelhança da Matemática, propiciando a possibilidade de entender o universo e a natureza como máquinas regidas por leis imutáveis, "naturais", necessárias e eternas. O relógio e suas engrenagens compõem a metáfora que foi empregada para explicar a natureza. Da mesma forma que o tempo passou a ser contido dentro do relógio, permitindo sua matematização, a natureza pôde ser dividida em inúmeras partes, mais simples. O relógio podia ser analisado desmontando-o em pequenas peças, as quais, sendo mais simples, facilitavam a compreensão de seu funcionamento e inclusive, quando necessário, seu conserto. A natureza e o ser humano começaram a ser analisados também dessa maneira, sendo divididos em pequenas partes, mais fáceis de estudar.

O pressuposto adotado foi o de que, entendendo-se as partes, entender-se-ia o todo.

Daí nasceu a divisão disciplinar da natureza, ou seja, a estruturação das diversas disciplinas que passaram a estudar cientificamente, e de forma organizada, as diferentes classes de fenômenos do universo, da matéria, da vida humana e dos seres vivos. A formação de especialistas em cada uma das disciplinas que iam sendo criadas forneceu condições únicas na história para que os mistérios relacionados a esses fenômenos fossem mais bem compreendidos. Tais ideias – revolucionárias – foram sistematizadas nos séculos seguintes por cientistas e filósofos como Newton, Leibniz e Kant e propiciaram avanços inacreditáveis para a compreensão da natureza e da vida humana. Sua consolidação efetiva ocorreu no século 19 e elas foram imediatamente trazidas para o âmbito acadêmico universitário e, posteriormente, escolar.

Como afirma Edgar Morin (2001) na epígrafe deste capítulo, os desenvolvimentos disciplinares trouxeram a vantagem da divisão do trabalho, da produção de novos conhecimentos, bem como a elucidação de inúmeros fenômenos. Mas não somente isso: trouxeram também os inconvenientes da superespecialização, do confinamento, da ignorância e da cegueira.

Assim, se de um lado o desenvolvimento do chamado "método científico" e a especialização disciplinar permitiram ao ser humano tentar dominar e controlar a natureza, sendo eficazes para o progresso científico dos séculos 18, 19 e 20, a superespecialização gerou ignorância e cegueira ao não considerar a complexidade que caracteriza os fenômenos da natureza. De acordo com Morin, tal forma de ver a realidade constitui um "paradigma de simplificação", cujos princípios são a "disjunção", a "redução" e "abstração".

Como afirmei em outros trabalhos (Araújo, 2002; 2003), baseando-me nas ideias de Morin, a "disjunção" apartou o conhecimento científico da reflexão filosófica, tendo provocado, entre outras consequências, a separação dos três grandes campos do conhecimento: a Física, a Biologia e as Ciências do ser humano. Para remediar a disjunção, realizou-se outra simplificação: a "redução" do complexo ao simples. O ideal do pensamento científico passou a ser descobrir, por detrás da complexidade aparente dos fenômenos, uma ordem perfeita. O universo começou a ser visto como uma máquina, feita de microelementos (átomos) reunidos em objetos e sistemas; para estudá-lo de maneira rigorosa, promoveu-se sua "abstração", por meio da matematização e da formalização da ciência, o que o separou ainda mais dos seres e da realidade do mundo.

Podemos, neste momento, fazer uma primeira aproximação dessas ideias com o campo da educação e abordar suas implicações no cotidiano escolar. Comecemos por ver a "disjunção", ou a separação entre corpo e mente (outra importante característica do pensamento de Descartes) e entre as distintas disciplinas estudadas na escola.

As instituições escolares, de maneira geral, dividem o tempo e o espaço escolar em dois momentos distintos: aquele dedicado à mente, ou à aprendizagem dos conteúdos, quando se exige o controle do corpo dentro das salas de aula; e aquele dedicado ao corpo, fora das classes, em aulas de Educação Física ou nos momentos de recreio, quando é permitido o movimento e a ação corporal. A face mais visível da necessidade de controle do corpo dá-se com a separação das carteiras na sala de aula, colocadas em fila e espaçadas entre si, e com a obrigação de comportamentos rígidos, sendo o movimento visto como inadequado para a boa aprendizagem. Por outro lado, os conteúdos a ser estudados também são separados ou fragmentados. O tempo e o espaço das atividades são divididos para que os distintos campos da ciência e das relações humanas com a natureza e a cultura possam ser ensinados. Cada momento do dia se destina ao trabalho de um conteúdo específico. Assim, por exemplo, a primeira aula é de História, a segunda é de Matemática, a terceira é de Língua Portuguesa, depois vem a de Educação Física, seguida de aulas sobre as várias ciências, e assim por diante. Mais interessante é que, para atender a tal modelo de organização, promoveu-se a especialização dos professores e dos profissionais que trabalham na escola. Cada um tem sua função específica; as universidades, por sua vez, foram estruturadas para atender à formação dos especialistas requeridos pela escola.

Esse é um modelo de escola coerente com a disjunção do objeto de conhecimento propiciado pelo pensamento cartesiano. Ele segue paralelo à necessidade de "redução" do complexo ao simples. Dessa maneira, a separação da realidade a ser conhecida em partes fragmentadas também atende ao objetivo reducionista de dividir a realidade em partes mais simples, para, posteriormente, ter-se a visão do todo. Trata-se, como já vimos, do reducionismo cartesiano.

Esse paradigma de ciência continua refletido na educação formal. Parte-se do pressuposto de que as partes (as disciplinas) já são conhecidas. Sua articulação em unidades seriadas anuais vai compondo o processo de constituição dos alunos, que, ao final da escolarização, estarão prontos para enfrentar a vida pessoal e profissional. As "grades curriculares" são estruturadas a fim de dar visualidade ao todo educativo, aparecendo, em seus diversos quadros, as disciplinas e seus respectivos conteúdos a ser trabalhados de forma fragmentada.

O reflexo dessa maneira reducionista de pensar está presente em diversos outros modos de analisar o cotidiano escolar. Tende-se a simplificar as explicações para as questões ali presentes, exatamente por ser essa a forma aprendida que devemos utilizar para nos aproximarmos da realidade. Diante de qualquer problema, em geral recorre-se à análise de somente um dos fatores presentes na realidade, atribuindo-lhe um papel de causalidade que acaba por distorcê-la.

Esse tipo de leitura parcial da realidade funciona para acalmar angústias e ansiedades quando necessitamos enfrentar determinadas situações, por natureza, complexas. Diante da impotência sentida ao vivenciar problemas como o da indisciplina, o de alunos que não aprendem, ou o da organização dos conteúdos educativos, a tendência é analisar um ou dois dos aspectos relacionados ao fato concreto e generalizar tal análise parcial, pensando que com isso entendemos a realidade complexa. Em geral, tais soluções mostram-se paliativas e, em curto tempo, o mesmo problema volta às nossas mãos.

Por fim, de acordo com as características do pensamento simplificante, para melhor compreender todos os fenômenos do cotidiano escolar, promove-se sua "abstração" em duas vertentes distintas: formalizando o conteúdo e afastando-se do objeto de estudo.

No caso das disciplinas escolares, fica nítido o caminho encontrado de formalização da realidade, refletido na maneira como são trabalhados os conteúdos. Como conhecer a História, a Geografia, as diversas ciências, as matemáticas e as diversas formas de linguagem? De forma abstrata. Autores partem de dados concretos da realidade e buscam a melhor maneira de formalizá-los, para que possam ser impressos nos livros. Professores recorrem a esses materiais e apresentam-nos aos alunos de maneira distanciada da realidade concreta. Com isso, em geral, a preocupação docente passa a ser ensinar a realidade abstratamente e cobrar nos exames a aprendizagem dos conteúdos abstratos. Daí a necessidade de controlar o corpo para que a mente fique liberada para "conhecer o mundo".

Assim, a história torna-se mera formalização de datas e fatos; conhecemos todo o planeta por meio de mapas e as realidades social, econômica e cultural por meio de textos; a estrutura da matéria, do corpo e dos movimentos físicos é estudada por intermédio de fórmulas e imagens gráficas; a realidade matemática que vivemos em nosso cotidiano, a todo momento, é transformada em fórmulas e em determinados padrões de representação gráfica; a língua é dissecada em fórmulas gramaticais, que devem ser memorizadas pelos alunos, e assim por diante. Se de um lado reconhecemos que o emprego de metáforas e formalizações tem papel importante no estudo e na compreensão da realidade, de outro não podemos perder de vista que tais instrumentos não são a realidade, como às vezes se deixa transparecer. Nesse sentido, deveriam ser empregadas apenas quando a experiência real não fosse possível.

Outra consequência provocada pela formalização do conhecimento, que tanto simplifica a realidade, é que ela separa o sujeito do objeto de conhecimento. Sentados em carteiras individuais, dentro de espaços artificiais criados para promover a aprendizagem formal e, de preferência, sem poder dialogar com os demais colegas, criam-se situações que deslocam os alunos do mundo concreto em que vivem – em última instância, da realidade complexa do universo.

O objeto formalizado a ser conhecido não é aquele do dia a dia. A vida animal e vegetal do local em que se vive, a geografia da comunidade a que pertencem os estudantes, as brincadeiras e os jogos infantis, a Matemática e as diversas formas de comunicação do cotidiano não são incluídos nos conteúdos escolares, a não ser que, casualmente, estes tenham sido formalizados nos livros. Isso para não falar de outros objetos de conhecimento considerados irrelevantes pela escola mas que permeiam o cotidiano das pessoas, como os sentimentos e as emoções, a ética, as diversas formas de resolução de conflitos interpessoais etc.

Ou seja, além da formalização do conhecimento, o pensamento simplificante promoveu o distanciamento dos sujeitos de sua realidade – o que faz que a educação formal esteja desconectada das reais necessidades, dos interesses e dos desejos dos alunos. Pior ainda: em minha opinião, esse distanciamento propicia o afastamento de estudantes e docentes no processo educativo. O aluno deixa de ser considerado um ser complexo, que tem uma história de vida, que traz conhecimentos específicos, sente desejos e emoções, e passa a ser conhecido como a pessoa que aprende ou não o conteúdo, que faz isso ou aquilo na sala de aula. Muitas vezes, em certas escolas, passa a ser tratado como um número. É considerado "normal" que professores não saibam nada da vida de seus alunos, o que pensam, o que sentem, como veem a escola etc. – é a "abstração levada à dimensão das relações humanas".

Em suma, com base no que foi exposto neste capítulo, percebe-se que a educação atual encontra-se alicerçada em uma forma simplista de compreensão da realidade, pautada em princípios de disjunção, redução e abstração. Se tal modelo funcionou a contento durante os séculos passados, os avanços sociais e científicos começam a demonstrar que ele encontrou seus limites de explicação da realidade.

Nas últimas décadas, inúmeros livros e trabalhos produzidos nas últimas décadas vêm apontando o esgotamento, ou a incompletude, do modelo cartesiano de explicar o mundo. Trabalhos de autores estrangeiros – como Edgar Morin, Pierre Lévy, Montserrat Moreno, Genoveva Sastre, Dora Schnitman, Denise Najmanovich e tantos outros – e brasileiros – como Nilda Alves, Regina Garcia, Silvio Gallo e Nílson Machado –, que abriram essas discussões no final do século passado, são excelentes fontes para o leitor interessado em conhecer um pouco mais sobre as origens dessas análises tão comuns hoje em dia. Nosso intuito neste livro, porém, é outro. Por isso, passemos a discutir os caminhos da interdisciplinaridade.

Os caminhos da interdisciplinaridade

À medida que determinados avanços científicos, em muitas áreas, foram produzidos no decorrer do século 20, foi-se percebendo que os pressupostos das áreas disciplinares tradicionais não conseguiam explicar a complexidade dos fenômenos estudados.

Cada vez mais, o estudo de determinados fenômenos exigia a colaboração de especialistas de diferentes áreas. Morin aponta a Ecologia e o estudo dos ecossistemas como um bom exemplo para ilustrar o surgimento de novas ciências que romperam as fronteiras disciplinares tradicionais. O estudo das complexas relações dentro de um ecossistema solicita o aporte de ideias de disciplinas das ciências físicas, biológicas e humanas. Um exemplo mais recente é o do estudo do genoma humano, que também vem solicitando a contribuição de especialistas dessas diferentes áreas para a compreensão de sua estrutura físico-química, de seu funcionamento no organismo e de suas consequências na vida biológica e social. A Ética é outro campo que, de exclusividade filosófica, passa a solicitar aportes da Neurobiologia, da Física, da Psicologia, da Educação e da Sociologia.

Poderíamos trazer inúmeros outros exemplos de tais situações, mas espero que o leitor já tenha compreendido que, nos últimos tempos, vêm surgindo novos campos de estudo que se constituem "naturalmente" como interdisciplinares e multidisciplinares ou mesmo que as disciplinas estanques, isoladas, estruturadas com base no paradigma cartesiano, não conseguem desvendar a complexidade de determinados fenômenos da natureza e da vida humana.

A circulação de conceitos, as interferências entre várias disciplinas em campos policompetentes e a busca de novas explicações para os fenômenos da vida humana e da natureza acabam por quebrar o isolamento das disciplinas. Daí surgem novos termos para definir esse novo paradigma.

O primeiro que podemos conceituar é a "interdisciplinaridade". Como a própria palavra diz, interdisciplinar refere-se àquilo que é comum a duas ou mais disciplinas ou campos de conhecimento. Muita gente pode acreditar que trabalha de forma interdisciplinar apenas porque se reúne com colegas de outras áreas, mantendo, no entanto, a fragmentação do estudo e uma postura em que cada um não se inteira do que faz o outro. Nas escolas, isso é muito frequente quando professores de áreas distintas escolhem um tema em comum para desenvolver um projeto, mas não conversam entre si: cada um aborda o mesmo assunto com base em sua disciplina específica, sem se preocupar em dialogar com as outras matérias. Porém, quando existe troca e cooperação entre os profissionais envolvidos, ou entre as áreas envolvidas, podemos falar de "trabalho interdisciplinar". Não existe mera superposição de interesses, mas uma verdadeira interação e um compartilhamento de ideias, opiniões e explicações.

De forma sutil, há também diferenças entre a interdisciplinaridade e a "multidisciplinaridade" ou "polidisciplinaridade". A multidisciplinaridade ocorre quando determinado fenômeno a ser analisado solicita o aporte de vários especialistas de diferentes disciplinas para explicá-lo, ou para tentar resolver um problema. O próprio fenômeno abordado, por sua complexidade, solicita que diferentes áreas de conhecimento interfiram em sua explicação. A Ecologia é uma ciência que se enquadra nessa perspectiva.

Podemos falar também de "transdisciplinaridade" – nesse caso, quando nos referimos a temáticas que ultrapassam a própria articulação entre as disciplinas. São assuntos que ainda não se consolidaram como áreas interdisciplinares ou polidisciplinares, pois as atravessam de tal maneira que não podem ser reconhecidas dentro dos já existentes campos do conhecimento. Na evolução de seu estudo, poderão até mesmo vir a constituir-se como um novo campo disciplinar, mas sua característica básica é não encontrar assento em nenhum campo já constituído. De acordo com Gallo (1999), a transdisciplinaridade pressupõe a integração global de várias ciências, tendo como característica uma concepção holista de sistemas de totalidade em que não há fronteiras sólidas entre as disciplinas. Na escola, projetos que abordam as diferentes formas de alimentação e de relações do ser humano com a comida podem encaixar-se na perspectiva de transdisciplinar, mas milhares de outros exemplos são corriqueiros hoje em dia no cotidiano escolar.

Sem querer estabelecer um vínculo causal direto e reducionista, considero que as revoluções educativas discutidas no primeiro capítulo influenciaram de forma significativa a constituição desses movimentos de rompimento da disciplinarização dos conteúdos acadêmico-científicos.

Afinal, a ampliação e a universalização do ensino, que romperam a homogeneização e elitização da educação, trouxeram para dentro das salas de aula e dos laboratórios de pesquisa, em todos os níveis de ensino, a diversidade e promoveram a interação entre pessoas possuidoras de diferenças sociais, econômicas, psíquicas, físicas, culturais, religiosas, raciais, ideológicas e de gênero. Enfim, criaram o que chamamos de um "caldo diferente de culturas e de diversidade" nos espaços educativos e de formação científica e profissional que, em minha opinião, teve papel relevante no questionamento das estruturas universalizantes e racionalistas do Iluminismo, abrindo novas perspectivas para compreender a natureza, a vida e a cultura, como a interdisciplinaridade, a multidisciplinaridade e a transdisciplinaridade.

TEMAS TRANSVERSAIS, PEDAGOGIA DE PROJETOS
E AS MUDANÇAS NA EDUCAÇÃO

Nesse sentido, entendo que a diversidade aliada à democratização do acesso ao ensino, que o amplia e o universaliza, precisa ser vista como matéria-prima do avanço científico e para a inovação. Diversidade e democracia, no entanto, devem andar juntas para se obter tais benefícios. E, neste momento, cabe uma rápida discussão paralela sobre essa ideia.

Buscando explicar melhor essa relação entre diversidade e democracia que é herdeira dos princípios da Revolução Francesa e dos movimentos liberais da Europa dos séculos 18 e 19, entende-se que a democracia contemporânea se sustenta no princípio de justiça e na articulação entre a *igualdade* dos seres humanos e a *equidade*, que reconhece o princípio da diferença dentro da igualdade. Se pensamos a democracia somente a partir do ideal de igualdade, acabamos por destruir a liberdade. Se todos forem concebidos como iguais, onde fica o direito democrático à diferença, a possibilidade de pensar de maneira diversa e de ser *diferente*? Para que o modelo de democracia seja justo e almeje a liberdade individual e coletiva, é necessário que a igualdade e a equidade sejam compreendidas como complementares. Ao mesmo tempo que a igualdade de direitos e deveres deve ser objetivada nas instituições sociais, não se deve perder de vista o direito e o respeito à diversidade, ao pensamento divergente.

É essa constituição sociopolítico-ideológica contemporânea que obriga as instituições educativas a respeitar as diferenças e a conviver com elas dentro de seus espaços. Esse modelo limita as tentativas de exclusão ou desqualificação do pensamento divergente por parte dos grupos institucionalmente dominantes. Assim, consolida a igualdade de direitos e de deveres e garante o espaço de convívio entre pessoas portadoras de diferenças sociais, econômicas, psíquicas, físicas, culturais, religiosas, raciais, ideológicas e de gênero, que enriquecem o mundo e produzem o avanço e a inovação científica e social, tendo como base a interdisciplinaridade.

Mas, retomando o foco da discussão e limitando-nos neste momento ao estudo da interdisciplinaridade, entende-se que a partir da década de 1960 visões como essa começaram a permear os meios acadêmicos, empresariais, científicos e, também, o sistema educacional. No âmbito científico e empresarial, é claramente perceptível, nos dias atuais, que a produção de novos conhecimentos e de bens baseia-se em propostas que rompem as fronteiras disciplinares. Cada vez mais, as agências de financiamento de pesquisas procuram investir recursos em projetos temáticos que contam com a contribuição de diferentes especialistas. Empresas buscam profissionais que, apesar de especialistas em determinadas áreas, tenham um tipo de flexibilidade em sua formação que lhes permita dialogar com outros profissionais, trabalhar em equipe e adaptar-se a novos desafios e mudanças no mercado de trabalho.

Isso não quer dizer, claro, que não continue sendo importante a especialização em determinadas áreas, porque na produção inovadora de conhecimento não há muito espaço para generalistas, para pessoas que sabem um pouco sobre muitas coisas ou que, afinal, não sabem nada de nada. As especializações, porém, adotam outra perspectiva no trabalho interdisciplinar: a do trabalho coletivo, em que cada especialista sabe das limitações de seu campo de estudo e que a compreensão do fenômeno analisado só será possível com a articulação dos diferentes saberes.

Embora a origem da interdisciplinaridade sejam os estudos levados a cabo no meio universitário, infelizmente, em minha opinião, o meio universitário e o escolar são aqueles nos quais tais mudanças encontram mais resistência em romper o modelo cartesiano de organização do conhecimento. São raras as experiências de fato implementadas de interdisciplinaridade em tais meios. Eu mesmo já participei de várias propostas de desenvolvimento de trabalho interdisciplinar na universidade e todos, de uma maneira ou de outra, fracassaram com o passar do tempo. Tais propostas, no entanto, em geral minguam por falta de professores interessados em sua implementação, e a formação dos profissionais da educação, apesar de discursos contrários, continua ocorrendo da mesma maneira fragmentada de sempre.

A atual legislação educacional brasileira, para todos os níveis de ensino, já consolidou a possibilidade de projetos de formação interdisciplinar, seja para futuros profissionais ou para alunos desde a educação infantil. As resistências à sua implementação, no entanto, são enormes – tem sido muito difícil romper a estrutura disciplinar em todo o sistema educacional. Acompanhei, por exemplo, a proposta de reorganização do sistema educacional de ensino médio de um estado brasileiro, a qual regulamentou a parte diversificada do currículo estabelecida pelas novas diretrizes curriculares. A definição dos conteúdos a ser trabalhados nos 25% de carga horária dedicados à parte diversificada do currículo ficou sob responsabilidade de cada escola, respeitando sua autonomia e os interesses da comunidade. A maioria das instituições optou por colocar mais aulas de Matemática, Língua Portuguesa, Física etc., apenas alterando a denominação das disciplinas (por exemplo, em vez de Língua Portuguesa, introduziram Oficinas de Língua).

É interessante analisar a resistência que escolas e universidades impõem ao trabalho de natureza interdisciplinar. Sem dúvida, o vestibular é um dos grandes males de nosso sistema educacional e justifica parcialmente as resistências. Esse exame sobre as disciplinas tradicionais, consolidado em nossa cultura escolar para ingresso nas universidades, determina, de cima para baixo, praticamente todos os conteúdos a ser trabalhados nas escolas. Como tal exame foi ficando cada vez mais fragmentado, especializado e exigente em relação à quantidade de conteúdos, por causa da forte seleção para o ingresso nas poucas vagas oferecidas nas universidades públicas e gratuitas, tal modelo contribuiu para que nossa educação perdesse o espaço necessário para estar a par dos novos paradigmas do conhecimento. Assim, criou-se um círculo vicioso em que o professor do último ano do ensino médio cobra pré-requisitos do segundo ano para preparar os jovens para o vestibular; o professor do segundo ano cobra os do primeiro; que cobra os do nono ano; e assim sucessivamente, até chegarmos à educação infantil. Alguns professores, inclusive, manifestam desejo de receber alunos já alfabetizados no primeiro ano, cobrando tal ação dos professores de educação infantil.

O vestibular, no entanto, não passa de desculpa para não mexer nas especializações disciplinares. Boa parte dos vestibulares e das avaliações, como o Exame Nacional do Ensino Médio (Enem), já cobra leituras interdisciplinares dos estudantes – mas nem por isso a estrutura das escolas vem acompanhando tal mudança.

Poderíamos promover uma discussão mais ampla sobre as resistências às mudanças em direção à interdisciplinaridade,

TEMAS TRANSVERSAIS, PEDAGOGIA DE PROJETOS E AS MUDANÇAS NA EDUCAÇÃO

mas, como não é objeto deste livro, sugiro ao leitor interessado no tema a leitura da obra *Ironias da educação: mudança e contos sobre mudança*, de Pedro Demo. Interessa, de fato, a este trabalho, voltar a discussão para as limitações que o trabalho interdisciplinar já encontrou na produção do conhecimento, aproximando-nos dos princípios da transversalidade.

OS CAMINHOS DA TRANSVERSALIDADE

As mudanças a serem feitas na escola devem seguir o mesmo sentido das novas ideias de ciência, ou ela correrá o risco de preparar os estudantes para um futuro inexistente, proporcionando-lhes uma formação intelectual que não está de acordo com as necessidades da sociedade na qual terão de viver.

MORENO, 1997

NO CAMINHO PERCORRIDO PELA história das ciências, propostas interdisciplinares, multidisciplinares e transdisciplinares foram importantes na construção de novos paradigmas, como vimos. Porém, um questionamento recente vem suplantando as formas "puras" de tais perspectivas: a falta de contextualização da ciência e da cultura ao não tratar de temáticas que atendam efetivamente aos interesses da maioria das pessoas.

Por trás dessa discussão existem princípios de democracia, de busca da igualdade de direitos e de oportunidades para todos os seres humanos, de respeito pelas diferenças, além da problematização sobre que conteúdos as instituições escolares deveriam ensinar. Afinal, os temas que são objeto de investigação por parte das diversas áreas da ciência e da produção de conhecimento e de cultura atendem aos interesses de quem? Essa é uma questão de fundo epistemológico pois interfere nos próprios objetivos da educação e da ciência.

Por que trazer essa discussão? Porque ela desnuda uma visão científica e cultural que aponta que os avanços paradigmáticos da ciência podem não ser suficientes para a democracia, para a construção de sociedades mais justas e para a geração do bem-estar social. O estudo da natureza e da vida humana pode avançar em direção a propostas interdisciplinares, multidisciplinares e transdisciplinares que nos ajudam a entender o cosmos, o genoma humano e inúmeras novas áreas de conhecimento. Mas isso não é suficiente. Não que tais avanços não sejam importantes e necessários para uma melhor compreensão da natureza, da vida humana e da cultura, mas eles não serão suficientes se ficarem reduzidos aos interesses de uma pequena parcela da população.

Assim é que os maiores investimentos dos laboratórios farmacêuticos, como é sabido, objetivam a descoberta de medicamentos para doenças que afetam principalmente a população de um alto poder aquisitivo, nos países ditos de Primeiro Mundo, como é o caso das doenças cardíacas e aquelas vinculadas à obesidade e à velhice. Muito pouco se investe no desenvolvimento de terapias para doenças que afligem os moradores do chamado Terceiro Mundo, como é o caso da malária e da desnutrição. O mesmo pode ser observado nos altos recursos investidos nas pesquisas bélicas e de programas espaciais. O investimento em novas áreas de conhecimento visam, prioritariamente, atender aos interesses do "grande capital" e daqueles que têm recursos para consumir os produtos tecnológicos e, também, os bens culturais.

É nessa perspectiva que surgem os princípios da transversalidade. Como a palavra nos leva a entender, ela se relaciona a temáticas que atravessam, que perpassam, os diferentes campos de conhecimento, como se estivessem em outra dimensão. Tais temáticas, no entanto, devem estar atreladas à melhoria da sociedade e da humanidade e, por isso, abarcam temas e conflitos vividos pela maioria das pessoas em seu dia a dia.

Essa primeira aproximação com a transversalidade nos obriga, no entanto, a fazer duas ressalvas.

A primeira é que o transversal dá uma ideia de "atravessamento" do que é longitudinal, como se ambos fossem duas retas que se cruzam. Se isso é uma verdade, ao mesmo tempo deve-se compreender que as temáticas transversais não são novos campos disciplinares, e sim áreas de conhecimento que "atravessam" os campos disciplinares. Nesse sentido, a metáfora que lhe representa pode assumir outras formas geométricas, como a do rizoma ou a das redes neurais, como veremos mais adiante.

A segunda ressalva diz respeito ao fato de que não basta incorporar novas temáticas perpassando as áreas disciplinares em perspectivas interdisciplinares ou multidisciplinares, pois isso não resolveria o problema da democracia, das desigualdades e dos conflitos sociais. Assim, a transversalidade sobre a qual estamos falando refere-se a temáticas contextualizadas nos interesses e nas necessidades da maioria das pessoas, e não a conteúdos de natureza científica ou de interesse de pequenas parcelas da população.

Essas ressalvas são importantes para estabelecermos o significado do princípio de transversalidade que estamos adotando. A transversalidade deixa de ser apenas um pressuposto metodológico, de "entrecruzamento" de conhecimentos, e passa a assumir também um pressuposto epistemológico, sobre que tipo de conhecimentos devem a humanidade e a ciência produzir, e também como fazê-lo na instituição criada pela sociedade para educar as futuras gerações: a escola.

Os objetivos da educação

Inicio o debate falando sobre aqueles que são, segundo penso, os dois objetivos centrais da educação, os dois eixos indissociáveis em torno dos quais giram, ou deveriam girar, as propostas educacionais: a "instrução" e a "formação ética" dos futuros cidadãos. O primeiro trata daqueles conhecimentos construídos historicamente pela humanidade e cada cultura decide transmitir às futuras gerações. Assim, cada cultura, em cada momento histórico, estrutura a educação de seus alunos em torno da transmissão de determinados conteúdos que consideram relevantes, em geral relacionados a áreas disciplinares como Matemática, Língua, História, Ciências, Educação Física, Artes etc. O segundo eixo trata da "formação ética" do cidadão e da cidadã, da busca do desenvolvimento de alguns aspectos que deem aos jovens e às crianças as condições físicas, psíquicas, cognitivas e culturais necessárias para uma vida pessoal digna e saudável – e para que possam participar efetivamente da vida política e pública da sociedade de forma crítica e autônoma.

Todas as escolas que conheço, públicas e privadas, incluem em seu projeto político-pedagógico o objetivo de trabalhar esses dois princípios – todas dizem que pretendem "instruir" e "formar" os futuros cidadãos. A realidade, porém, mostra que a formação ética fica relegada a segundo plano. A grande maioria das escolas tem se preocupado, objetivamente, apenas em instruir.

As crianças e os adolescentes vão à escola para aprender Ciências, Língua, Matemática, História, Física, Geografia, Artes etc., e seus professores dizem que estão formando o cidadão? Não se dão conta de que, com esse tipo de conteúdo, estão formando é o cidadão almejado pela cultura grega clássica de mais de 2 mil anos atrás. A elite daquela cultura (composta pelos homens gregos livres, que excluía, portanto, a grande maioria da população, composta de mulheres, escravos e estrangeiros) acreditava que para formar o cidadão com direito à participação na vida da *polis* eram necessários esses tipos de conhecimento. Como nos lembra Moreno (1997), foi aquela cultura antiga que estabeleceu as bases para os conhecimentos que seriam disciplinarizados posteriormente e para o modelo de ciência e de educação que perdura até os dias de hoje.

Como o conceito de cidadania atual é diferente daquele de 2 mil anos atrás, ocorre um problema que muitos não percebem: nosso currículo, com tais conteúdos e disciplinas, exerce a função apenas de instruir os alunos sobre os conhecimentos construídos historicamente pela humanidade, e não de formar eticamente o cidadão que vive nas sociedades contemporâneas. Assim, o objetivo da formação ética e moral das futuras gerações, apesar de estar presente nos textos das propostas curriculares ou nos projetos político-pedagógicos das escolas, historicamente acabou sendo deslocado do espaço público e delegado às famílias e às igrejas.

Anne Colby (2008), pesquisadora da Carnegie Foundation for the Advancement of Teaching e da Stanford University, chama a atenção para o fato de que a maioria das instituições educativas negligencia seu papel no desenvolvimento da responsabilidade pessoal e social de seus estudantes, priorizando o desenvolvimento do pensamento analítico.

De acordo com a autora, o rigor desse tipo de pensamento é central para as sociedades contemporâneas, por solicitar os mais elevados níveis de raciocínio abstrato, o que permite explicações científicas para os fenômenos, a construção de teorias e sua aplicação na inovação tecnológica. No entanto, é um equívoco reverenciar o raciocínio analítico desconectado dos significados

TEMAS TRANSVERSAIS, PEDAGOGIA DE PROJETOS
E AS MUDANÇAS NA EDUCAÇÃO

da vida e dos valores humanos, pois isso pode criar uma cultura de argumentação tão crítica e cética que ameaça desconectar o conhecimento humano dos objetivos de racionalidade e rigor almejados por nossa cultura.

Acredito que a escola, como instituição pública criada pela sociedade para educar as futuras gerações, deve se preocupar também com a construção da cidadania, nos moldes que atualmente a entendemos, e não de acordo com os princípios da cultura grega clássica. Se os pressupostos atuais da cidadania procuram garantir uma vida digna e a participação na vida política e pública para todos os seres humanos, e não apenas para uma pequena parcela da população, essa escola deve ser democrática, inclusiva e de qualidade para todas as crianças e adolescentes. Para isso, deve promover – na teoria e na prática – as condições mínimas para que tais objetivos sejam alcançados.

Entendo que formar o sujeito ético competente para agir nessa sociedade e participar de sua vida política e de sua vida pública não se dá somente trabalhando os direitos e os deveres, como propõe a maioria dos autores que lidam com esse tema. "Educar em valores", como se diz hoje, não pode limitar-se ao trabalho educacional de construção de regras, de estudar os direitos e os deveres, de pensar no que é certo e no que é errado fazer.

Dentro de conceitos mais amplos, para que uma pessoa exerça de fato sua cidadania, ela precisa ter determinadas competências que vão além do conhecimento e do cumprimento de leis e regras das instituições sociais. Precisamos almejar a formação e a construção do que Puig (1998) chama de "personalidades morais". Eu as entendo como pessoas que buscam virtuosamente a felicidade e o bem (pessoal e coletivo) e constroem sua personalidade e a excelência ética com base em determinados valores e virtudes desejados pela cultura em que vivem. Esse princípio traz uma nova maneira de conceber a formação e a educação em valores na escola.

Surge, então, o desafio: se entendemos que a escola deve assumir essa responsabilidade, como fazê-lo?

Em primeiro lugar, repensando os tempos, os espaços, os conteúdos, os métodos e as formas das relações interpessoais presentes nessa instituição. Resumindo, estamos falando de uma escola diferente da que conhecemos – concebida na fragmentação disciplinar do século 19, que foi idealizada para atender aos anseios de uma pequena parcela da população e tem se preocupado, ultimamente, apenas com a instrução de conteúdos clássicos e dissociados do cotidiano das pessoas. Essa outra maneira de conceber a instituição educativa merecerá atenção especial nos capítulos seguintes. Neste momento, o foco será o dos conteúdos escolares.

Se a escola deve atender a todos, pelo princípio de igualdade que nos legou a Revolução Francesa, pensar na formação do cidadão pressupõe introduzir novas temáticas curriculares, coerentes com os anseios e as necessidades da maioria da população. Assim, estamos dizendo que a escola deve trabalhar, além dos conhecimentos científicos e culturais tradicionais, conteúdos contextualizados na vida comunitária e cotidiana das pessoas, em suas relações locais e concretas. Em outras palavras: a escola deve incorporar, também, a cultura popular e promover uma aproximação entre os saberes da realidade vivenciada pelos estudantes em seu dia a dia e os conhecimentos científicos e de outras realidades culturais, a fim de enriquecer a própria experiência.

TEMAS TRANSVERSAIS, PEDAGOGIA DE PROJETOS
E AS MUDANÇAS NA EDUCAÇÃO

Voltamos, assim, ao conceito de transversalidade, que deixa de ser visto apenas em sua dimensão metodológica. Do ponto de vista epistemológico, deve-se pensar não apenas na instrução de conteúdos disciplinares tradicionais, mas em trazer intencionalmente para o cotidiano escolar a preocupação com a formação ética e para a cidadania e os novos conhecimentos discutidos até aqui. Isso ultrapassa propostas interdisciplinares, multidisciplinares e, até mesmo, transdisciplinares. O próprio objetivo da educação é transformado.

Os temas transversais

> *É preciso retirar as disciplinas científicas de suas torres de marfim e deixá-las impregnar-se de vida cotidiana.*
>
> **Moreno, 1997**

Que temáticas da vida cotidiana deveriam impregnar as disciplinas científicas? Deve qualquer conteúdo cotidiano ser objeto de estudo pela ciência, pela cultura e pelas escolas?

Esse debate surgiu no final da década de 1960, no âmbito de grupos sociais organizados politicamente, nos mais diversos países, reunidos em organizações não governamentais (ONGs) e governamentais, que começaram a pressionar os Estados para que incluíssem na estrutura formal das escolas o estudo de temáticas relacionadas não a qualquer conteúdo vinculado ao cotidiano das pessoas, mas à democracia, à justiça social, à ética, à busca de uma vida digna para todos os seres humanos. Assim, aparecem as preocupações com temas como saúde, ética, meio ambiente, sexualidade, respeito às diferenças, direito do consumidor, relações capital-trabalho, igualdade de oportunidades, sentimentos e emoções, drogas, paz no trânsito e muitos outros que cada cultura e comunidade podem eleger.

Dentro dos pressupostos da transversalidade, consolidam-se, então, o que passou a ser denominado de "temas transversais" – temáticas específicas relacionadas à vida cotidiana da comunidade, à vida das pessoas, a suas necessidades e seus interesses. Tais temas, no entanto, não são novas disciplinas curriculares, e sim, como já visto, áreas de conhecimento que perpassam os campos disciplinares, interdisciplinares e transdisciplinares.

De acordo com Puig e Martín (1998), esses temas:

» supõem uma aposta clara por uma educação em valores, pois são orientados para o desenvolvimento de uma formação integral, atenta à dimensão ética e à geração das capacidades necessárias para a construção da consciência moral autônoma dos alunos;
» buscam dar resposta aos problemas que a sociedade reconhece, durante determinado período, como prioritários ou especialmente preocupantes;
» procuram conectar a escola à vida das pessoas, propondo uma ruptura formal e explícita com o distanciamento entre os conteúdos acadêmicos e aqueles que os estudantes adquirem em sua vida cotidiana;
» estão sempre abertos à incorporação de novos temas e problemas sociais, o que lhes dá um caráter dinâmico e aberto às transformações sociais e à aparição de novas sensibilidades críticas.

Assim, cada cultura, cada sociedade, cada comunidade, atenta aos princípios da transversalidade, pode eleger os te-

TEMAS TRANSVERSAIS, PEDAGOGIA DE PROJETOS E AS MUDANÇAS NA EDUCAÇÃO

mas transversais que considera pertinentes ser abordados nas instituições educacionais. Isso vem ocorrendo em diversos países e comunidades desde que tais pressupostos começaram a disseminar-se. Tais temas tanto podem ser definidos em políticas nacionais quanto ser escolhidos pelas comunidades e escolas específicas, de acordo com sua realidade e/ou necessidades. Entende-se, assim, que determinada sociedade pode eleger alguns temas que seriam trabalhados em todas as suas escolas, como a ética e a sexualidade. Isso, porém, não inviabiliza que certa comunidade ou escola, enfrentando problemas com o consumo de drogas, por exemplo, não possa decidir que essa temática será adotada como um tema transversal. Da mesma forma, a educação para o trânsito pode ser necessidade de uma comunidade urbana, mas não o será para uma comunidade rural, que prefere trabalhar o tema dos sentimentos e das emoções, por exemplo. Assim, se compreendidos em seu caráter dinâmico e aberto, os temas transversais não são rígidos e uniformes para toda a sociedade, mas apenas uma referência que deve ser adaptada aos interesses e às necessidades de cada grupo social, em cada momento histórico.

Embora a maioria dos países hoje aceite tal concepção, a Espanha e o Brasil são exemplos de nações que aprofundaram tais propostas, tendo incorporado o trabalho com os temas transversais em sua legislação educacional. No caso da Espanha, na reestruturação de seu sistema educacional, levada a cabo pelo Partido Socialista a partir de 1989, os temas transversais considerados fundamentais para a sociedade e incorporados nas propostas pedagógicas das escolas foram: Educação Ambiental, Educação para a Saúde e Sexual, Educação para o Trânsito, Educação para a Paz, Educação para a Igualdade de Oportunidades para Ambos os Sexos, Educação do Consumidor, Educação Multicultural e Educação Moral e Cívica.

A reforma educacional espanhola desempenhou nítida influência na organização dos Parâmetros Curriculares Nacionais (PCNs) que o governo brasileiro adotou a partir de 1996. A equipe encarregada pelo MEC de coordenar a discussão propôs, em minha opinião, como maior inovação na estrutura curricular brasileira, a inclusão de um núcleo de conteúdos, ou temas, reunidos sob a denominação geral de "Convívio Social e Ética", que deveriam ser trabalhados nas escolas. Os temas transversais adotados na legislação brasileira foram: Ética, Pluralidade Cultural, Meio Ambiente, Saúde, Trabalho e Consumo e Orientação Sexual. A inserção de tais temáticas, apontadas nos documentos, objetivava o resgate da dignidade da pessoa humana, a igualdade de direitos, a participação ativa na sociedade e a corresponsabilidade pela vida social.

Considero tal iniciativa uma inovação, pois, pela primeira vez, o âmbito da formação ética e para a cidadania de nossas crianças passou a ser definido como política de Estado, para todo o sistema educacional de nosso imenso país, e não apenas como uma iniciativa de alguns grupos ou de determinadas comunidades. Finalmente, nossa legislação educacional reconheceu que a educação formal tem papel fundamental no eixo da formação, não se restringindo apenas à instrução de saberes disciplinares tradicionais.

Embora a concepção de transversalidade adotada nos PCNs não seja a mesma adotada neste livro, entre outras coisas porque aquele documento a entende como um braço da didática, e não em sua dimensão epistemológica, é definitiva a abertura que traz para a construção de uma escola cidadã. É inegável o avanço na legislação, que passa a assumir a importância da inserção em todas as escolas brasileiras, "do Oiapoque ao Chuí", como se diz, de temas como Orientação Sexual, Ética e Consumo.

Se os temas transversais escolhidos pelo governo brasileiro são os melhores para nossa sociedade, ou se o Banco Mundial estava por detrás da proposta, ou, ainda, se tais temas já não deveriam estar presentes nos programas das disciplinas tradicionais, não justificando sua inserção transversal, são questões polêmicas que têm sua importância. Muitos trabalhos realizaram essa discussão após a implementação dos PCNs. No entanto, não será o recorte para este livro, que prefere reconhecer o avanço da iniciativa e lutar na prática cotidiana das escolas e da sociedade para que a concepção de transversalidade aqui adotada seja efetivamente compreendida e incorporada nas salas de aula. Não existe ingenuidade em tal posição, e sim o reconhecimento de que está aberto, pelas próprias contradições do sistema, um campo imenso de trabalho que pode levar à construção de um sistema educacional realmente capaz de atingir seus objetivos principais.

O caminho construtivista

> *A aprendizagem construtivista é a que mais se parece com uma aventura intelectual.*
> **Moreno, 1997**

O construtivismo, na perspectiva do epistemólogo suíço Jean Piaget, recusa tanto as teses aprioristas de que as estruturas de conhecimento já estão presentes na bagagem hereditária dos sujeitos quanto as teses empiristas de um ser que conhece o mundo pelos sentidos, pela pressão dos meios físico e social sobre ele. No construtivismo, o conhecimento não está no sujeito nem no objeto, não está predeterminado hereditariamente nem é simples internalização – é, sim, resultante da ação do sujeito sobre os objetos de conhecimento. Portanto, o conhecimento é intransferível, construído nas ações do ser humano sobre o mundo em que vive, sendo tal construção constitutiva do próprio sujeito. Estamos falando, assim, de um sujeito constituído por sua atividade.

Tal pressuposto epistemológico é essencial aos princípios de transversalidade aqui adotados. De que adianta reorganizar os conteúdos escolares sem efetuar mudanças na própria lógica de organização do ensino? De que adianta inserir conteúdos de ética ou sobre sentimentos na escola, por exemplo, se ela seguir presa a um modelo transmissivo e autoritário de conhecimento? Será que aulas em que os sujeitos da aprendizagem exercem papel passivo diante dos conteúdos que lhes são transmitidos formarão cidadãos competentes? As respostas, mais uma vez, são negativas, pois não se constrói a cidadania com base em relações autoritárias e em epistemologias e metodologias empiristas, de mera transmissão e reprodução do conhecimento.

Como discutido em outro momento (Araújo, 2002), fico imaginando um professor de Biologia ou de Ciências que resolve trabalhar a sexualidade e/ou os sentimentos em suas aulas e traz cartazes prontos do corpo humano para identificar as características sexuais biofisiológicas na imagem do corpo, ou então para localizar possíveis locais fisiológicos dos sentimentos. Ao final das aulas, pede aos estudantes que memorizem e descrevam tais conteúdos "ensinados" para, inclusive, ser avaliados em sua aprendizagem. Será que tais aulas atenderão aos princípios de transversalidade que estamos defendendo?

A construção dos conhecimentos, na forma que concebemos, pressupõe um sujeito ativo, que participa de maneira intensa e reflexiva das aulas – um sujeito que constrói sua inteligência e sua identidade por meio do diálogo estabelecido com seus pares, com os professores e com a cultura, na própria realidade cotidiana do mundo em que vive. Estamos falando, portanto, de alunos que são "autores do conhecimento" e não meros reprodutores daquilo que a sociedade decide que devem aprender. No fundo, referimo-nos a uma proposta educativa que promova a aventura intelectual, sendo a concepção construtivista a mais adequada para atingir tais objetivos.

É importante ressaltar que, embora parte considerável das escolas e de seus educadores assuma o discurso construtivista, não são muito frequentes as situações educativas em que os estudantes são de fato chamados a exercer essa autoria de forma crítica, dialógica e reflexiva.

Em geral, quando se tenta romper as formas tradicionais de ensino, os alunos assumem um papel de "intérpretes da realidade" dada. Por exemplo: em nome dos objetivos educacionais, culturais e científicos, bem como dos tempos rígidos estabelecidos para as aprendizagens, os docentes assumem o papel de escolher os textos a ser estudados, as pesquisas a ser executadas, as obras de arte a ser analisadas, de definir as perguntas que os estudantes devem responder. Esse modelo educativo está atrelado a concepções de que o papel do ser humano na escola e no campo científico é o de interpretar a natureza, a sociedade, a cultura e as relações humanas, que já estão preestabelecidas e predeterminadas, esperando apenas ser decifradas. É a expressão dos paradigmas cartesiano e positivista. O que mais me impressiona é que esse modelo epistemológico está de tal maneira impregnado nas representações docentes que, se não agirem dessa maneira, os professores costumam sentir-se mal, como se não estivessem cumprindo com suas obrigações profissionais.

Não é esse o significado de autoria a que estou me referindo dentro do construtivismo, pois, nesse caso, o papel dos alunos na escola deixa de ser o de memorização dos conteúdos e passa a ser o de interpretar os dados trazidos pelos professores, pelos livros e pela internet – mas não o de atores que constroem efetivamente o conhecimento. Assumir o construtivismo como uma aventura do conhecimento pressupõe dar voz aos estudantes, promover o diálogo, incitar-lhes a curiosidade e o questionamento do cotidiano e dos conhecimentos científicos e, acima de tudo, dar-lhes condições para que encontrem as respostas para suas próprias perguntas. Isso, tanto do ponto de vista individual quanto do coletivo.

Pode parecer óbvio a muita gente o que estou dizendo, mas na prática cotidiana das salas de aula o que percebo são professores (muitas vezes sem notar) pensando que estão ensinando e alunos pensando que estão aprendendo, pois estes se dão bem nas provas e nos exames. Porém, todos os conteúdos trabalhados são definidos pelos adultos e pela sociedade, que acreditam saber o que deve ser ensinado e aprendido pelas crianças e pelos adolescentes. Trazer os temas transversais para as escolas e seguir com os mesmos modelos de transmissão do conhecimento e de interpretação da realidade é negar às novas gerações a possibilidade de desenvolvimento da autonomia, do pensamento crítico e reflexivo. Enfim, é negar-lhes a possibilidade da criatividade e da responsabilidade pessoal e social.

Com essa discussão, quero trazer à tona mais um detalhe para a compreensão da transversalidade. O caminho construtivista fornece a chave que permite articular os conhecimentos científicos e os saberes populares e cotidianos, propiciando condições para que os questionamentos científicos sejam respondidos à luz das curiosidades dos alunos, em suas necessidades e seus interesses cotidianos. De maneira específica, o construtivismo, ao reconhecer o papel ativo e autoral de alunos na construção e na constituição de suas identidades e de seus conhecimentos, coloca os sujeitos da educação no centro do processo educativo. Se queremos, de fato, promover a formação ética e para a cidadania, introduzindo temáticas que objetivam a educação em valores e tentam responder aos problemas sociais e conectar a escola com a vida das pessoas, devemos assumir a epistemologia construtivista como referencial para a construção das práticas da transversalidade.

······

4

A PEDAGOGIA DE PROJETOS E A TRANSVERSALIDADE NA SALA DE AULA

A transversalidade exige uma intervenção educativa dirigida a superar as visões parciais e limitadas que abordam os fatos com base em uma única disciplina. A complexidade da maioria dos fenômenos sociais torna imprescindível um novo olhar e uma nova forma de interpretação, transformando as visões tradicionais do mundo em outras mais globais, respeitosas e solidárias.

Puig e Martín, 1998

COMO TRABALHAR A TRANSVERSALIDADE e os temas transversais na sala de aula? Neste capítulo, discutiremos a perspectiva metodológica da transversalidade, apontando caminhos que sejam coerentes com sua concepção epistemológica. A discussão é importante, pois existem muitas maneiras de conceber a inserção dos temas transversais na educação, mas nem todas concordam com a proposta de transversalidade adotada neste livro.

Acompanhando várias experiências com os temas transversais nas últimas duas décadas, no Brasil e no exterior, considero haver "duas diferentes concepções" para o trabalho pedagógico. E dentro de cada uma delas são vários os caminhos possíveis de ser trilhados, cada um levando a resultados e a modelos diferentes de educação. Vamos a elas.

As disciplinas curriculares são o eixo vertebrador do sistema educacional e o atravessam

Nessa primeira concepção, a escola continua organizada em torno das disciplinas tradicionais, que formam sua estrutura curricular, ou o que podemos chamar de "eixo vertebrador do sistema educacional". Isso significa que nessa proposta as temáticas transversais como a ética, os sentimentos, as drogas, o meio ambiente e a sexualidade atravessam, perpassam os conteúdos disciplinares tradicionais. A finalidade da educação continua sendo o ensino da Matemática, da Língua, das Artes, das Ciências, da História etc., e, de diversas formas, abrem-se espaços para o trabalho com as novas temáticas consideradas relevantes pelo grupo social.

Assim, reconhece-se a importância da introdução dos temas transversais no currículo, mas seu papel continua sendo secundário quando comparado aos conteúdos tradicionais da escola.

Nessa concepção, existem muitas maneiras de promover a inserção de tais temas nas salas de aula. Vejamos as principais.

Atividades pontuais

A relação entre os conteúdos tradicionais e os temas transversais é feita pontualmente, por meio de trabalhos, módulos de atividades ou aulas específicas, dentro de uma unidade didática ou do programa de uma disciplina.

Assim, dentro de uma unidade didática de Matemática que dura um mês – por exemplo, juros –, os docentes reservam uma aula para discutir com a turma o efeito dos juros na vida das pessoas. De outra forma, dentro do programa de Ciências previsto para o semestre, um módulo de 15 dias é programado para o trabalho sobre os efeitos das drogas ou para o estudo da sexualidade.

Nessa primeira modalidade de trabalho, apesar de sua intencionalidade, os temas transversais aparecem apenas ocasionalmente no programa escolar. A maior crítica a essa proposta é que a escola continua objetivando basicamente a instrução dos conteúdos tradicionais e faz uma pequena concessão aos objetivos de formação ética e da cidadania. A preocupação central da educação continua sendo a de instruir os alunos para a aprendizagem dos conteúdos científicos.

Disciplinas, palestras e assessorias sobre temas transversais

Muitas vezes ancorada na ideia de que os profissionais que atuam na escola não têm a formação adequada para tratar dos temas transversais na sala de aula, a escola recorre a profissionais especializados para seu oferecimento por meio de disciplinas, palestras e desenvolvimento de projetos desconectados das demais atividades curriculares das classes.

Assim, a escola contrata um professor de Ética e inclui a disciplina na grade curricular; cria um ciclo de palestras para abordar o tema da sexualidade; contrata uma empresa de assessoria para desenvolver um projeto sobre meio ambiente durante determinado período, ficando sob sua responsabilidade os trabalhos relacionados ao meio ambiente.

Caracteriza essa proposta o fato de que os profissionais da escola não se sentem qualificados para o trabalho com os temas transversais e delegam essa função a outros. Dentre as várias críticas que esse modelo engendra, a mais explícita é a de que os conhecimentos continuam a ser vistos de forma fragmentada – ou seja, aprofunda o processo de especialização e compartimentalização da realidade e da natureza, sendo as temáticas transversais vistas quase como novas disciplinas.

TEMAS TRANSVERSAIS, PEDAGOGIA DE PROJETOS
E AS MUDANÇAS NA EDUCAÇÃO

Oferecimento de projetos interdisciplinares sobre temas transversais

Algumas organizações não governamentais que atuam em áreas específicas do conhecimento desenvolvem materiais didáticos, geralmente de natureza interdisciplinar, visando que suas temáticas sejam trabalhadas no decorrer do ano letivo em diversos momentos da vida escolar.

Um exemplo são os materiais didáticos produzidos por ONGs que lidam com a prevenção de doenças sexualmente transmissíveis (DSTs) para que os professores de Ciências façam algumas atividades envolvendo o uso de preservativos, o professor de Língua Portuguesa promova dissertações sobre DSTs, a professora de Matemática realize uma pesquisa na base de dados do Ministério da Saúde buscando informações estatísticas sobre as DSTs. Nesse tipo de exemplo, o projeto pode durar um ano, e cada docente escolhe o momento específico do ano letivo para fazer o trabalho em sua disciplina.

Essa proposta incorpora a articulação entre o tema transversal e a ideia de interdisciplinaridade, já que o tema é abordado nas diversas disciplinas. No entanto, tal concepção de interdisciplinaridade mantém a fragmentação do estudo e uma postura em que cada um não se inteira do que faz o outro: cada um aborda o tema comum a partir de sua disciplina específica, sem se preocupar em dialogar com as outras.

A transversalidade deve estar incorporada nas próprias disciplinas

Existe um grupo de docentes que alega não ter sentido a inclusão dos temas transversais de forma separada dos conteúdos curriculares tradicionais, pois tais preocupações com o cotidiano e os problemas sociais devem estar intrinsecamente ligadas aos objetivos das disciplinas específicas.

Assim, um professor de Matemática jamais poderia imaginar o conteúdo com que trabalha desvinculado da construção da democracia e da cidadania; as professoras de Física e de Química deveriam estruturar suas aulas sobre fatos cotidianos que seus alunos vivenciam rotineiramente; a apropriação da língua escrita deveria ser realizada apenas com base na vida cotidiana dos estudantes.

Uma crítica feita a esse modelo é que a escola continua organizada em torno das disciplinas tradicionais do currículo.

A transversalidade é trabalhada como "currículo oculto"

Conscientes da existência de um "currículo oculto" que permeia as ações e avaliações docentes, alguns professores pensam que as temáticas que envolvem a formação moral e a cidadania dos alunos devem ser abordadas à medida que surjam oportunidades no cotidiano das aulas.

Nesse caso, o trabalho transversal ocorre com base no que os professores chamam de "ganchos", ou seja: os docentes aproveitam uma briga no recreio, o sucesso de um estudante em algum esporte ou a intervenção de uma aluna sobre o consumo de drogas, por exemplo, para promover discussões com a turma sobre o fato e suas consequências, utilizando-se da situação para dar lições de moral e de vida – ou para levar o grupo à reflexão.

Talvez seja uma das formas mais nítidas e corriqueiras de doutrinação dos alunos usadas pelos docentes para moralizar as relações escolares. O problema desse tipo de trabalho é que ele não é sistematizado nem registrado, além de ser muito propício para ações arbitrárias e moralistas, baseadas nos valores individuais dos professores.

Todas as cinco propostas apresentadas têm valor e podem cumprir importante papel no eixo de formação para a cidadania das futuras gerações. Olhando-as de outra maneira, inclusive, elas não são excludentes entre si; muitas vezes, podem ser complementares e ocorrer de forma simultânea na mesma escola.

Apesar disso, existe um aspecto que articula essas diversas formas apresentadas de trabalhar em sala de aula, o que chamamos de temas transversais: elas se vinculam a uma mesma concepção de transversalidade. No fundo, todas essas cinco formas mantêm as disciplinas tradicionais como o eixo vertebrador do sistema educacional.

A estrutura curricular permanece especializada, configurando a finalidade do próprio processo educativo. De uma maneira ou de outra, a escola continua da mesma forma que a conhecemos há muito tempo: a natureza, a cultura e a vida humana são divididas em conteúdos disciplinares; os saberes populares, cotidianos, quando abordados, são vistos como uma espécie de concessão do sistema educacional ao âmbito da formação. A organização curricular mantém-se, fragmentada, com a hierarquização e os pré-requisitos esboçados nas seriações. Mesmo na proposta em que a transversalidade é incorporada nas próprias disciplinas, continua presente a visão disciplinar como finalidade educativa.

Do ponto de vista epistemológico, todos os exemplos mantêm um mesmo princípio: o ensino e seus objetivos continuam centralizados nas mãos dos docentes. Não existe espaço para o trabalho de autoria dos alunos, uma vez que o momento, a forma de trabalho e os conteúdos dos temas transversais são definidos exclusivamente pelos docentes, sem a participação dos estudantes. Na verdade, o modelo atual determina que os professores sejam responsáveis pela formação de seus alunos, definindo o que estes precisam conhecer e interpretar no mundo. Assim, sobra pouco espaço para a autoria dos conhecimentos e para a aventura intelectual.

Os avanços em direção à construção da cidadania continuam muito tímidos, e aos temas do cotidiano cabe o papel apenas de girar ao redor das disciplinas.

Em geral, em boa parte das escolas que conheço, ao abordar tais temáticas, essa concessão ocorre somente quando: sobra tempo das atividades tradicionais (o que é raro); o professor tem interesse em enxergar os "ganchos" e associar os temas; os docentes necessitam se afastar de suas aulas para reuniões ou outras ações e colocam especialistas nos temas transversais para desenvolver ações ou projetos naqueles horários específicos; as escolas incorporam disciplinas específicas na grade curricular, mas estas não são levadas em conta no momento da avaliação.

Aliás, a avaliação é o espaço que denuncia as prioridades educativas das escolas que optam por essa primeira concepção de transversalidade, que evidencia a finalidade educativa adotada pela instituição. Os estudantes são considerados "inteligentes" e com bom potencial profissional se demonstram nas avaliações e provas objetivas que aprenderam os conteúdos científicos tradicionais. Se conseguem resolver eticamente seus conflitos, se agem sem discriminar os colegas e suas diferenças, suas atitudes não são valorizadas pelas escolas na hora da avaliação.

Enfim, se quisermos empregar uma imagem gráfica para representar essa primeira concepção de ensino transversal, podemos fazê-lo apresentando retas verticais significando o eixo vertebrador do sistema educacional, que são atravessadas, perpassadas, por retas transversais, da seguinte maneira:

FIGURA 2 • Os temas transversais apenas perpassam o currículo

Percebemos nessa imagem que, apesar dos cruzamentos pontuais, não existe ligação necessária entre as temáticas abordadas, que são vistas de forma fragmentada. O significado dessa observação será retomado mais adiante.

As temáticas transversais são o eixo vertebrador do sistema educacional, sua própria finalidade

Na segunda concepção de transversalidade, os conteúdos tradicionais deixam de ser a "finalidade" da educação e passam a ser concebidos como "meio", como instrumentos para trabalhar os temas que constituem o centro das preocupações sociais. Como afirma Moreno (1997, p. 38),

[...] se estes conteúdos [tradicionais] estruturam-se em torno de eixos que exprimem a problemática cotidiana atual e inclusive podem constituir finalidades em si mesmos, convertem-se em instrumentos cujo valor e utilidade são evidenciados pelos alunos e alunas.

Assim, as temáticas que objetivam a educação em valores, que tentam responder aos problemas sociais e conectar a escola à vida das pessoas, viram o eixo vertebrador do sistema educativo em torno do qual serão trabalhados os conteúdos curriculares tradicionais. Essa concepção, por muitos considerada radical – pois muda o foco e o próprio objetivo da educação –, pressupõe uma maneira totalmente diferente de encarar o ensino. O eixo de formação ética para a cidadania passa a ser a principal finalidade da educação. A educação em valores, a preocupação com o ensino de formas dialógicas e democráticas de resolução dos conflitos cotidianos e dos problemas sociais e a busca de articulação entre conhecimentos populares e científicos dão um novo sentido à escola.

Nessa perspectiva, os temas cotidianos e os saberes populares são o ponto de partida, e muitas vezes também de chegada, para as aprendizagens escolares, dando novo significado para os conteúdos científicos e culturais que a escola trabalha. Vejamos alguns exemplos dessa perspectiva.

O problema da poluição do córrego que passa no meio de uma favela pode ser o eixo em torno do qual serão desenvolvidos os trabalhos na escola que atende àquela comunidade. Os conhecimentos matemáticos, a Língua, a História, a Geografia, os diversos conteúdos das Ciências e as atividades de Educação Artística serão desenvolvidos com o objetivo de levar os estudantes que ali vivem a, por exemplo: tomar consciência das causas da poluição; conhecer a história da ocupação daquele local pelo ser humano; buscar conhecer todos os agentes sociais envolvidos na poluição do córrego e suas responsabilidades sociais e éticas; entender as consequências desse problema para a saúde das pessoas e para o meio ambiente; buscar caminhos sociais e políticos para a resolução do problema e a melhoria da qualidade de vida dos moradores etc.

Os problemas de violência em uma escola, ou na comunidade próxima, podem ser o ponto de partida para a organização do planejamento curricular durante determinado período. Com isso, a produção de textos, as pesquisas sobre dados estatísticos e as causas sociais e históricas da violência, bem como o estudo do corpo humano, seriam relacionados: à compreensão dos sentimentos dos diferentes atores envolvidos em questões de violência; à procura de caminhos dialógicos e democráticos de resolução de conflitos; aos estudos sobre questões de gênero e violência doméstica; ao papel do desemprego ou do egocentrismo na geração da violência etc.

Os conflitos envolvendo a sexualidade na adolescência podem ser a base de um projeto bimestral envolvendo todos os professores. A leitura de livros de literatura, o trabalho com as regras gramaticais da língua, os conteúdos de ciência relacionados ao desenvolvimento do corpo e da reprodução humana, a construção social e histórica da sexualidade, as diferenças culturais da sexualidade nos diversos países, os conteúdos de economia e de matemática são exemplos de conteúdos científicos e culturais que poderiam ser pensados como "meio", instrumento para o desenvolvimento dos seguintes temas: a consciência pessoal dos sentimentos e das emoções em relação ao próprio corpo; o consumismo e o papel da mídia no estabelecimento de padrões de beleza; os problemas éticos decorrentes dos estigmas e preconceitos estabelecidos com base nas diferenças de valores; as DSTs e sua prevenção etc.

Os 30 artigos da Declaração Universal dos Direitos Humanos podem ser a referência para a estrutura curricular de uma escola durante todo o ano letivo, em todas as séries. Assim, o aprendizado das operações matemáticas mais elementares, os processos de alfabetização, o estudo das plantas e o conhecimento da realidade do próprio bairro seriam utilizados para levar os alunos a conhecer e vivenciar os conteúdos específicos dos artigos desse documento, visando à sua formação ética e à transformação do mundo em que vivem. A importância do lazer, do direito à diversidade de pensamento e de crença, do respeito nas relações interpessoais e do direito a moradia, saúde e educação são exemplos de temáticas que envolvem a construção da cidadania e poderiam ser o eixo vertebrador do currículo escolar.

O que precisa ser observado em todos os exemplos apresentados pode ser resumido nos seguintes tópicos:

TEMAS TRANSVERSAIS, PEDAGOGIA DE PROJETOS
E AS MUDANÇAS NA EDUCAÇÃO

» O ponto de partida de todos os exemplos são temáticas relacionadas à educação em valores, que tentam responder aos problemas sociais e buscam conectar os conteúdos científicos e culturais à vida das pessoas.

» Embora nessa concepção de transversalidade o ensino dos conteúdos científicos e culturais não seja desprezado – afinal, sem eles também não haverá cidadania –, não é a finalidade dos projetos propostos. As temáticas transversais, nos exemplos citados, aparecem como a própria finalidade das ações educativas.

» Não se trata de contextualizar os conhecimentos científicos e culturais no cotidiano das pessoas, a fim de torná-los mais interessantes e fáceis de ser compreendidos (essa proposta seria inerente à primeira concepção de ensino transversal). Nos exemplos citados, fica evidente o papel "instrumental" dos conteúdos científicos e culturais, cuja função é permitir aos alunos compreender o mundo em que vivem.

» Os conteúdos relacionados às disciplinas curriculares tradicionais giram ao redor das temáticas transversais – fio condutor do planejamento curricular –, perpassando-as.

» Em cada exemplo há sempre um objetivo específico de busca de soluções para a temática analisada, de maneira que as ações pedagógicas não objetivam apenas o conhecimento e a interpretação da realidade, mas também a inserção os educandos na transformação da própria realidade.

A imagem que poderia representar essa segunda concepção de ensino transversal pressuporia um giro de 90 graus na imagem anteriormente apresentada, que ficaria da seguinte maneira:

FIGURA 3 • Os temas transversais são o eixo vertebrador do currículo

Essa, no entanto, não é a melhor forma de representar os princípios epistemológicos e metodológicos de transversalidade na perspectiva abordada neste livro. Em primeiro lugar porque aqui também, apesar dos cruzamentos pontuais, não existe ligação necessária entre as temáticas abordadas, que são vistas de forma fragmentada.

Embora a imagem esteja de acordo com os pressupostos dessa segunda concepção de ensino transversal, é preciso pensar em metáforas diferentes, assumindo outras formas geométricas para representá-la de forma mais adequada. A ideia de rizoma, de teia ou das redes neurais aponta os caminhos imagéticos que mais se aproximam da radicalidade que pressupõe tal concepção.

FIGURA 4 • Teia de aranha

No próximo capítulo, apresentarei uma proposta de educação transversal que busca incorporar no planejamento pedagógico e na organização curricular os diversos aspectos que sustentam os pressupostos epistemológicos e metodológicos da segunda concepção. Portanto, incorporarei ideias de complexidade, de transversalidade, do construtivismo e do protagonismo de alunos no processo de construção do conhecimento.

Antes, porém, discutirei princípios da pedagogia de projetos, pois este é, a meu ver, o caminho mais adequado para a implementação, no cotidiano escolar, dos pressupostos de transversalidade aqui abordados.

Os projetos como estratégia pedagógica

De acordo com Machado (2000, p. 2), a palavra "projeto" deriva do latim *projectus* e significa algo como "um jato lançado para a

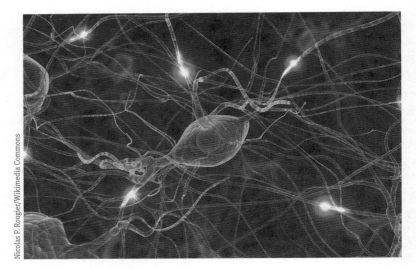

FIGURA 5 • Rede neural

frente". O ser humano, ao ser lançado no mundo, ao nascer, vai se constituindo como pessoa por meio do "[...] desenvolvimento da capacidade de antecipar ações, de eleger continuamente metas a partir de um quadro de valores historicamente situado, e de lançar-se em busca delas". Para compreender seu significado geral, o autor aponta três características fundamentais de um projeto. São elas:

» a referência ao futuro;
» a abertura para o novo;
» a ação a ser realizada pelo sujeito que projeta.

De acordo com Rué (2002, p. 96), projetos são "estratégias de ação" constituídas por três características:

» a intenção de transformar o real;
» uma representação prévia do sentido dessa transformação (que orienta e dá fundamento à ação);
» agir em função de um princípio de realidade (atendendo às condições reais decorrentes da observação, do contexto da ação e das experiências acumuladas em situações análogas).

De acordo com Hernández e Ventura (1998, p. 73), com os projetos pretende-se:

» estabelecer as formas de "pensamento atual como problema antropológico e histórico" (citando Edgar Morin);
» dar sentido ao conhecimento baseado na busca de relações entre os fenômenos naturais, sociais e pessoais, ajudando-nos a compreender melhor a complexidade do mundo em que vivemos;
» planejar estratégias para abordar e pesquisar problemas que vão além da compartimentalização disciplinar.

Se pensarmos na organização escolar partindo de tais ideias, teremos uma pedagogia de projetos. Ou seja, um caminho possível para trabalhar os processos de ensino e de aprendizagem no âmbito das instituições escolares são os projetos, concebidos como estratégias para a construção do conhecimento.

Tal proposta se diferencia das outras porque, nela, a organização educacional tradicional está quase sempre ancorada nos princípios dos "programas" curriculares, que são rígidos e determinados antecipadamente.

De acordo com Morin (2001), um "programa" é uma sequência de ações que devem funcionar em circunstâncias que permitam alcançar os objetivos pretendidos. A grande vantagem dos programas é a economia de tempo, pois as ações são realizadas automaticamente, sem maiores reflexões. O problema apontado é que, se as circunstâncias exteriores não são favoráveis, o programa falha ou tem de ser interrompido. Assim, as programações curriculares são falhas, pois não dão abertura para as novidades que surgem durante seu desenvolvimento, engessam as ações docentes e não permitem uma participação mais ativa dos estudantes na construção do conhecimento.

A "estratégia", por outro lado, é uma ação que pressupõe decisões, escolhas, apostas – logo, riscos e incertezas. A estratégia não designa um programa predeterminado a ser aplicado, mas demanda, como base em uma decisão inicial, "[...] imaginar um certo número de cenários para a ação, cenários que poderão ser modificados segundo as informações que nos cheguem no transcorrer da ação e segundo os elementos aleatórios que advirão [...]" dela. Nesse sentido, ao contrário do programa, a estratégia tem grande plasticidade, pois se organiza com o objetivo de modificar-se em função de situações aleatórias, elementos adversos, contrários, que aparecem durante o processo.

Entender o projeto como estratégia traz, assim, uma nova perspectiva para o trabalho pedagógico, pois, com base em representações prévias sobre os caminhos a ser percorridos, incorpora, por exemplo, a abertura para o novo; a perspectiva de uma ação voltada para o futuro, visando transformar a realidade; e a possibilidade de decisões, escolhas, apostas, riscos e incertezas. Além disso, permite dar sentido ao conhecimento baseado na busca de relações entre os fenômenos naturais, sociais e pessoais, bem como planejar estratégias que vão além da compartimentalização disciplinar.

TEMAS TRANSVERSAIS, PEDAGOGIA DE PROJETOS E AS MUDANÇAS NA EDUCAÇÃO

Entendo que todas essas características vão ao encontro do que discutimos neste capítulo sobre a segunda concepção de transversalidade, aquela que permite às temáticas transversais tornarem-se a própria finalidade da educação. A introdução do trabalho com projetos como estratégia pedagógica permite articular os conhecimentos científicos e os saberes populares e cotidianos, propiciando condições para que os questionamentos científicos sejam respondidos à luz das curiosidades dos alunos, de seus interesses cotidianos e de suas necessidades. E mais: coloca os sujeitos da educação no centro do processo educativo, na tentativa de responder aos problemas sociais.

De acordo com Hernández e Ventura (1998, p. 72), citando Bruner, os projetos podem ser peça central do que seria a filosofia construtivista na sala de aula: "Aprender a pensar criticamente requer dar significado à informação, analisá-la, sintetizá-la, planejar ações, resolver problemas, criar novos materiais ou ideias [...] e envolver-se mais na tarefa de aprendizagem".

Assim, enfatizando que nem todas as propostas de projeto são coerentes com as características da transversalidade aqui assumidas, pois podem ser trabalhadas da maneira mais tradicional possível, apresentaremos, no próximo capítulo, um caminho prático para a inserção dos temas transversais no planejamento pedagógico, por meio da estratégia de projetos. Esse modelo, uma nova arquitetura pedagógica, pretende abrir caminhos pedagógicos para a inclusão que caracteriza a terceira revolução educacional já discutida no primeiro capítulo.

......

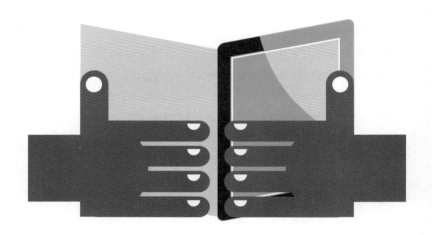

O CONHECIMENTO EM REDE E OS PRINCÍPIOS DE TRANSVERSALIDADE

O conhecimento do mundo, as imagens que lhe enfeixam as propriedades, sugerindo-lhe forma e conteúdo, tom e cor, são sempre fortemente influenciadas por metáforas iluminadoras, que procuram apreender as relações características entre elementos, atores e cenários que o constituem.

MACHADO, 1995

REVENDO TUDO QUE JÁ discutimos neste livro, fica evidente que a proposta de ensino transversal que adotamos pressupõe outra organização da estrutura escolar, uma nova arquitetura pedagógica, repensando seus tempos, espaços, conteúdos, relações interpessoais e, principalmente, uma mudança nos papéis docente e discente. Enfim, torna-se necessário repensar as bases epistemológicas e metodológicas da educação.

O desafio atual é encontrar novos modelos de organização escolar que sejam compatíveis com os avanços nos campos da ciência e da cultura, procurando caminhos que tirem, afinal, o ensino escolar das amarras estabelecidas no século 19. Seguramente, não é um trabalho fácil, mas precisa ser enfrentado, se quisermos que nossos filhos e alunos tenham uma formação intelectual e ética de acordo com as necessidades da sociedade na qual terão de viver (e não sabemos qual será).

Isso significa romper, por exemplo, com: a superespecialização; a fragmentação radical dos conhecimentos; certas hierarquias estabelecidas no currículo; a visão empirista de que aos professores compete ensinar e aos alunos, aprender (no máximo, interpretar a realidade); a descontextualização entre os conteúdos científicos e os saberes populares; o autoritarismo nas relações escolares, que impede a construção da autonomia intelectual e moral dos estudantes.

Entretanto, precisamos ter cautela na busca desses novos caminhos, pois não devemos correr o risco de "jogar o bebê com a água do banho", como se diz na linguagem popular. Buscar novos caminhos para o conhecimento não significa negar radicalmente as vantagens que o paradigma cartesiano possibilita para o estudo da natureza, da cultura e da vida humana por meio da especialização, do desenvolvimento disciplinar e da divisão do trabalho. Como já afirmamos, a especialização continua sendo importante, pois na produção inovadora de conhecimento não há muito espaço para generalistas, para pessoas que sabem um pouco sobre muitas coisas. As especializações, porém, devem assumir outra perspectiva no trabalho interdisciplinar e transversal: a do trabalho coletivo, em que cada especialista tem consciência das limitações de seu campo de estudos e de que a compreensão dos fenômenos só será possível com a articulação dos diferentes saberes, incluindo os populares, os pessoais e os de preocupação social.

Trago essa discussão porque, baseando-me nas ideias de Edgar Morin, sabemos que visões holistas, de totalidade, são tão reducionistas quanto visões fragmentárias, parciais. Para esse autor, quanto mais se busca a totalidade, mais se encontra o vazio. A redução (a busca de unidades elementares simples, a decomposição de um sistema em seus elementos, a origem do complexo no simples) é um caráter essencial do espírito científico, mas, de maneira dialética, complementário do pensamento global.

Pensar nos fenômenos da escola de forma complexa não significa abandonar a visão parcial dos fatos. Deixar o pensamento reducionista não é pensar de maneira holista, tentando captar a totalidade dos fenômenos, pois isso manteria a visão dicotômica da realidade. O grande avanço do pensamento complexo é coordenar, em uma mesma perspectiva, os aspectos parciais e totais da realidade, é abandonar o disjuntivo "ou" e adotar o conjuntivo "e" no pensamento sobre os fenômenos.

Por isso minha resistência em aceitar algumas visões de transdisciplinaridade que visam apenas ao conhecimento global. Prefiro assumir os pressupostos de transversalidade aqui discutidos, em uma perspectiva que a articula à interdisciplinaridade. Teremos então uma perspectiva epistemológica e metodológica que coordena, conjuntivamente, temáticas não disciplinares (como os temas transversais) a temáticas disciplinares (representadas nas especializações dos estudos sobre a natureza, a cultura e a vida humana). Assim, entendemos que as temáticas transversais, como a ética, a saúde, o consumo, os problemas ambientais, a sexualidade e as drogas, precisam ser trabalhadas de forma articulada com os conhecimentos da Física, da Química, da Língua, da Matemática, das Artes.

Na perspectiva de articulação entre transversalidade e interdisciplinaridade que adotamos, no entanto, as ligações não ocorrem por meio de cruzamentos pontuais entre as temáticas abordadas, pois assim manter-se-ia a fragmentação dos conhecimentos. A novidade está em buscar a organização curricular na estratégia pedagógica dos projetos, assumindo que o avanço na compreensão da natureza, da cultura e da vida humana está nas ligações que podemos estabelecer entre os mais diversos tipos de conhecimento: científico, popular, disciplinar, não disciplinar, cotidiano, acadêmico, físico, social etc. Ou seja, o "segredo" está nas relações, nos infinitos caminhos que permitem ligar os conhecimentos uns aos outros.

Na escola, isso se traduzirá em projetos que tenham um "ponto de partida", mas cujo ponto de chegada é incerto, indeterminado, pois está aberto aos fatos aleatórios que perpassam o processo de desenvolvimento. Se traduzirá em projetos que reconheçam o papel de autoria dos estudantes, mas reforçando a importância da intencionalidade do trabalho docente para a instrução e a formação ética. Se traduzirá em uma perspectiva que reconhece a importância das especializações dos professores de Matemática, de Língua, de Ciências etc., mas assume essas áreas disciplinares e suas infinitas interligações possíveis como "meio" para o objetivo maior de construção da cidadania.

Daí a importância de buscar novas metáforas iluminadoras para auxiliar na compreensão das relações existentes entre o ser humano e os mundos natural, social e cultural. A metáfora que procura reproduzir a organização das redes neurais – e compreender os conhecimentos como uma rede de significados – é um bom caminho nesse sentido.

O conhecimento como rede

Embora já estivesse empregando a metáfora da "rede" há um bom tempo nos projetos pedagógicos e curriculares que desenvolvo, encontrei no trabalho de Machado (1995) e em suas citações sobre as ideias de Michel Serres e Pierre Lévy a fundamentação teórica que me ajudou a compreender, e a transformar, as ações práticas que eu vinha desenvolvendo.

Machado entende que a ideia de rede como metáfora para a representação do conhecimento tem as significações como material constitutivo. De forma resumida, afirma:

» Compreender é apreender o significado.
» Apreender o significado de um objeto ou de um acontecimento é vê-lo em suas relações com outros objetos ou acontecimentos.
» Os significados constituem, pois, feixes de relações.
» As relações entretecem-se, articulam-se em teias, em redes, construídas social e individualmente e em permanente estado de atualização.
» Em ambos os níveis – individual e social –, a ideia de conhecer assemelha-se à de enredar.

Na sequência, para explicitar de que modo se organiza a rede como representação do conhecimento, Machado recorre a um excerto retirado de um texto de Michel Serres (Machado, 1995, p. 138), que reproduzo a seguir, ressaltando os pontos que interessam a este trabalho:

> Imaginemos um diagrama em rede, desenhado num espaço de representação. Ele é formado, num dado instante [...], por uma pluralidade de pontos (extremos) ligados entre si por uma pluralidade de ramificações (caminhos) [...] Por definição, nenhum ponto é privilegiado em relação a um outro, nem univocamente subordinado a qualquer um [...] o mesmo se passa com os caminhos [...].

Da ideia de rede descrita, interessa-nos, neste momento, ressaltar o princípio de que, na pluralidade de pontos (nós) e caminhos, não existe hierarquia ou relação de privilégio. Isso será importante quando explicarmos a tradução que fazemos desses princípios na proposta de projeto que apresentaremos adiante.

Outra característica da rede, apontada por Machado (1995, p. 140), é que ela

[...] contrapõe-se diretamente à ideia de cadeia, de encadeamento lógico, de ordenação necessária, de linearidade na construção do conhecimento, com as determinações pedagógicas relacionadas com os pré-requisitos, as seriações, os planejamentos e as avaliações.

Complementando os pressupostos que nos ajudam a compreender a metáfora da rede, Machado recorre à ideia de hipertexto, proposta por Pierre Lévy (1993, p. 25), quando afirma que "[...] o hipertexto é talvez uma metáfora válida para todas as esferas da realidade em que significações estejam em jogo".

Aponta, então, os seis princípios que Lévy chama de conformadores do hipertexto e podem ser transportados para caracterizar a metáfora do conhecimento como rede.

» **Princípio de metamorfose**: a rede está em constante construção e transformação e, a cada instante, podem-se alterar os feixes que compõem os nós, atualizando o desenho da rede.
» **Princípio de heterogeneidade**: os nós e as conexões de uma rede são heterogêneos, significando que existe uma multiplicidade de possibilidades de interligação entre eles. Apenas como exemplo, nessas ligações – lógicas, afetivas, analógicas, sensoriais, multimodais, multimídias – podem ser utilizados sons, imagens, palavras e muitas outras linguagens.
» **Princípio de multiplicidade e de encaixe das escalas**: a rede se organiza de modo "fractal", ou seja, qualquer nó ou

conexão, quando analisado, revela-se formado por toda uma rede, e assim por diante, indefinidamente (Lévy, 1993, p. 25).

» **Princípio de exterioridade:** a rede é permanentemente aberta ao exterior, à adição de novos elementos, a conexões com outras redes.

» **Princípio de topologia:** na rede, o curso dos acontecimentos é uma questão de topologia, de caminhos.

» **Princípio de mobilidade dos centros:** a rede não tem centro – ou tem vários centros que trazem ao redor de si pequenas ramificações.

O desafio, agora, é traduzir todos esses princípios em uma estratégia pedagógica de projeto que permita trabalhar a transversalidade na educação, articulada com a interdisciplinaridade, nos parâmetros defendidos neste livro. Vejamos um caminho possível.

A rede e o projeto como estratégia pedagógica

Para exemplificar como trabalhamos a transversalidade na escola – empregando a estratégia dos projetos, em uma perspectiva de rede de conhecimentos –, neste tópico, apresentarei uma experiência desenvolvida por Ricardo Fernandes Pátaro, professor de quinto ano do ensino fundamental da Escola Comunitária de Campinas (SP), que foi meu orientando de mestrado na Faculdade de Educação da Universidade Estadual de Campinas. O tema do projeto, escolhido pelos alunos, foi "Puberdade e Reprodução". Nas próximas páginas, abordarei detalhes que explicam os caminhos seguidos e os princípios metodológicos e epistemológicos que embasaram o trabalho. Na sequência, várias imagens ilustram o processo de construção dessa rede, aula a aula.

TEMAS TRANSVERSAIS, PEDAGOGIA DE PROJETOS E AS MUDANÇAS NA EDUCAÇÃO

É importante esclarecer que não considero a proposta que será apresentada a seguir a única – nem a melhor – para trabalhar a transversalidade. É, sim, uma proposta viável, coerente com os princípios da segunda concepção de ensino transversal que discutimos e vem sendo implementada com bons resultados nos últimos anos em várias instituições de ensino, públicas e privadas. Vale destacar, inclusive, que essa proposta fundamentou o projeto acadêmico-pedagógico do Ciclo Básico da Escola de Artes, Ciências e Humanidades da Universidade de São Paulo (USP Leste), criada em 2005, do qual fui um dos formuladores.

1) O projeto e a construção da rede começam com a definição do tema. Nesse processo, o docente, ou a escola, indica parâmetros amplos que servirão para os estudantes definirem a temática que gostariam de estudar. Assim, o tema do projeto deve estar relacionado a alguma temática transversal e, geralmente, adotado nos trabalhos que oriento, relacionado à Declaração Universal dos Direitos Humanos. Esse documento, como vimos, traz um amplo leque de preocupações sobre valores, direitos e deveres sociais e individuais e sobre a vida coletiva.

No caso específico do exemplo escolhido, o professor definiu que seria feito um projeto sobre sexualidade e promoveu uma discussão prévia com os alunos sobre o que, dentro desse tema, eles gostariam de estudar. Após várias sugestões (oito temas diferentes), com propostas dos estudantes de juntar alguns temas, promoveu-se uma série de votações, chegando ao final à vitória da temática "Puberdade". O segundo lugar, com apenas um voto de diferença, ficou com o tema "Reprodução". Um aluno propôs, então, com aprovação coletiva posterior, que o projeto reunisse os dois temas, dando origem ao tema "Puberdade e Reprodução".

2) O passo seguinte consiste em dividir a turma em grupos, para que estes decidam o que gostariam de saber sobre o assunto escolhido. O papel de cada um dos grupos é elaborar uma pergunta que comporá a "rede" do projeto. Um aspecto importante, que não poderá ser esquecido durante todo o desenvolvimento do projeto, é o papel de autoria dos estudantes, pois são eles que definem o que querem saber sobre o tema, explicitado por meio de perguntas que deverão ser respondidas a cada atividade do projeto. As questões dos alunos, e a busca de estratégias para que eles próprios respondam a todas elas, guiarão a organização didática do projeto.

Conceitualmente, promove-se uma mudança no foco das relações pedagógicas quando o tema que orienta o projeto surge dos interesses e das preocupações dos alunos, embora haja uma definição intencional do docente indicando que a temática deve estar relacionada aos temas transversais. Assim, não se está trabalhando com a perspectiva dos "centros de interesse" nem com a de que compete ao adulto definir de forma isolada o que os estudantes devem saber e estudar. Ao contrário, busca-se uma articulação entre os interesses e as preocupações docentes e discentes.

No caso específico do projeto em questão, na primeira imagem da rede (Figura 6), observam-se as perguntas feitas pelos alunos. Ressalto que o fato de colocar o tema do projeto no centro da rede é apenas uma questão de organização, não ferindo os princípios de "acentrismo" defendidos por Lévy. "Puberdade e Reprodução" é o tema do projeto e não o centro da rede. Em cada atividade desenvolvida, o centro da rede estará deslocado para os campos de conhecimento trabalhados.

3) No passo seguinte, o docente (vale lembrar que estamos em uma turma de quinto ano) acrescenta na rede todas as disciplinas que pretende trabalhar no projeto e também os conteúdos específicos de cada uma. A imagem da rede (Figura 7) completa o que chamo de "ponto de partida da rede"/"intenção do projeto", que estará aberto às incertezas, sugestões e novidades que surgirem durante seu desenvolvimento. Mas ela propicia um ponto de partida que articula e organiza as intenções transversais e interdisciplinares do projeto, os interesses discentes e docentes. Além disso, a imagem dessas intenções permite que todos os participantes do projeto tenham uma visão de todo no que se refere a possibilidades.

Assim, estão explicitadas as perguntas discentes, bem como as intenções docentes de trabalhar no período de desenvolvimento do projeto conteúdos de Português, Matemática, História, Ciências e Ética (o professor entendeu que devia abordar o conteúdo específico de Ética que queria explorar naquele momento). Apenas para reforçar o que já foi dito, considero importante explicitar na rede as disciplinas e seus conteúdos específicos, para evidenciar que o projeto não abre mão dos saberes disciplinares desenvolvidos historicamente pela humanidade. Como vimos, sem eles não é possível construir a cidadania nos dias atuais.

O curso dos acontecimentos é definido pelos caminhos, pelos fios que vão tecendo a rede. Assim, a Figura 7 traz os primeiros fios, que ligam as perguntas dos alunos e as disciplinas ao tema do projeto e também os conteúdos específicos às disciplinas.

4) As figuras das páginas seguintes mostram o processo de construção da rede e do projeto. São oito imagens, cada uma representando uma atividade diferente desenvolvida em sala de aula. Cada uma delas traz um "fio", ou caminho, novo, representando ou o "plano de aula" preparado pelo docente (fios mais grossos) ou as atividades não previstas intencionalmente por ele, mas que apareceram durante as aulas e foram incorporadas à rede (fios pontilhados). É quando o professor insere os princípios de incerteza em seu trabalho.

5) Na Figura 8, existe um fio mais grosso ligando o conteúdo de Matemática à pergunta: "O que a puberdade vai nos ensinar?" Isso significa que o professor planejou uma aula em que, trabalhando o tratamento de informações dentro da matemática, tinha a intenção de ajudar os alunos a iniciar a busca de respostas a essa pergunta da rede. Assim, os conhecimentos matemáticos foram trabalhados não como finalidade da atividade, mas como instrumento importante para responder aos problemas pessoais e sociais.

No caso específico, estudantes e professor decidiram elaborar uma entrevista, que foi aplicada posteriormente com sujeitos de 25 a 40 anos de idade, com perguntas abertas e fechadas sobre suas experiências com a puberdade e como veem isso hoje. Após as entrevistas, foi feito um trabalho de tratamento de informações do ponto de vista da Matemática.

6) Na Figura 9, o fio novo apresenta a ligação entre o conteúdo de Ciências "Aparelhos Reprodutores" com a pergunta: "Por que os espermatozoides saem do pênis do homem?" Nesse caso, o pro-

fessor planejou uma atividade em que os estudantes deveriam selecionar algumas fontes de pesquisa para encontrar a resposta a essa pergunta. Decidiram utilizar a informática e, buscando informações em sites e entrevistando médicos por e-mail, trouxeram informações que deram suporte ao professor para que também abordasse as características dos aparelhos reprodutores masculino e feminino. Evidente que o trabalho com tratamento de informações também apoiou esse trabalho e outros posteriores, mostrando a interligação possível entre os vários conhecimentos.

7) Na Figura 10, existe a representação de uma atividade planejada para abordar o tema da discriminação das mulheres na história, e o mote para a abordagem foi a pergunta: "Por que as meninas menstruam e os meninos, não?" Alguns grupos ficaram encarregados de, após a aula sobre o aparelho reprodutor feminino, procurar informações sobre a menstruação. Outros se encarregaram de encontrar textos e reportagens sobre o papel das mulheres nas diversas culturas e sociedades ao longo do tempo e sobre as discriminações que sofreram em toda a história, pela condição de mulher. No plano da atividade, portanto, aparece um fio grosso interligando os conteúdos específicos "A Mulher na História" e "Gênero e Discriminação" com a pergunta "Por que as meninas menstruam e os meninos não?"

8) Durante o desenvolvimento dessas atividades, em uma aula específica, ocorreu algo inusitado, não previsto no planejamento do professor, mas que ele aproveitou para trabalhar com a turma durante a aula. O conteúdo das frações já havia surgido em aulas anteriores sobre o "Tratamento de Informações" na

Matemática, mas não havia sido abordado. Durante a pesquisa sobre discriminação das mulheres, respondendo à pergunta "Por que as meninas menstruam e os meninos não?", um grupo encontrou uma reportagem de jornal, intitulada "Parto lidera *ranking* de internações juvenis" (*Folha de S.Paulo*, 24 jun. 2003), com diversos dados estatísticos sobre a realidade da gravidez de crianças e adolescentes no Brasil. Ao mostrá-la ao professor, o grupo sugeriu discutir o tema. O docente, então, aproveitou para introduzir o trabalho com frações, dando uma explicação sobre esse conteúdo. Pediu aos estudantes que lessem a reportagem e tentassem ver e calcular frações com base nos dados por ela apresentados. Nos últimos 20 minutos daquela aula, o professor promoveu uma rápida reflexão sobre a reportagem e fez uma pergunta para o grupo discutir: "Quais são os riscos e as complicações de uma gravidez aos 10 anos de idade?" O debate em sala foi muito rico.

Essa ligação entre o conteúdo matemático de "frações" e a pergunta da rede aparece na Figura 11 com linhas pontilhadas, pois foi um trabalho realizado sem previsão do professor mas que, a partir do interesse da turma, ele aproveitou para desenvolver. Esse tipo de ação, muito comum durante o desenvolvimento de projetos, geralmente fica excluído do registro dos planejamentos. Nesse caso, a própria concepção de estratégia de projeto em rede pressupõe que o professor incorporará a atividade à rede e ao próprio projeto – o que poderá interferir, inclusive, nos desdobramentos futuros da rede.

9) Voltando à atividade e às pesquisas anteriores, os grupos trouxeram os dados sobre o aparelho reprodutor feminino, respostas

à pergunta "Por que as meninas menstruam e os meninos não?", informações sobre o papel da mulher na história e as discriminações que sofrera por isso. A atividade seguinte, previamente planejada pelo professor, solicitou que cada grupo elaborasse um roteiro para uma pequena peça de teatro (com duração de cinco a dez minutos), articulando os conhecimentos socializados com as pesquisas.

Nesse sentido, o novo fio grosso (Figura 12) liga o conteúdo específico de Português – "Produção de Textos", trabalhado pelo professor no momento da escrita do roteiro da peça – à pergunta da rede "Por que as meninas menstruam e os meninos não?" e ao conteúdo de Ciências "Aparelho Reprodutor". A ligação dessa pergunta com o tema "Discriminação e História da Mulher" já tinha sido feita.

10) No dia seguinte, durante a apresentação dos roteiros para a peça de teatro, surgiu uma novidade, não prevista pelo professor. Um dos grupos introduziu em seu roteiro, com base no material pesquisado, o tema "Hormônios Femininos". Naquele momento, vários estudantes mencionaram comentários das mães sobre tensão pré-menstrual (TPM), hormônios, entre outros temas relacionados, e questionaram o professor, pois isso já estava previsto na rede como "conteúdo" de Ciências. O professor decidiu, então, dar uma aula introdutória sobre o tema, propôs que retomassem a discussão dos roteiros no dia seguinte e, após sua aula expositiva, solicitou aos estudantes que, individualmente, produzissem um pequeno texto, no formato de dissertação, sobre como haviam compreendido o papel dos hormônios femininos na menstruação e na TPM.

Nesse sentido, introduziu na rede (Figura 13), uma vez mais, a linha pontilhada ligando os conteúdos específicos "Hormônios", de Ciências, e "Produção de Textos", de Língua Portuguesa. Isso porque esse trabalho não estava planejado previamente pelo professor, mas foi realizado e passou a compor a rede.

Esse projeto não terminou assim, e outras ligações foram sendo feitas, tornando a rede cada vez mais complexa e cheia de caminhos.

Vale a pena salientar que as ligações da rede não conseguem representar toda a riqueza metodológica e de conhecimentos surgida durante o desenvolvimento do projeto. Por isso, adotou-se paralelamente a produção de livros (ou portfólios), nos quais são incluídos todas as produções dos estudantes, breves textos-resumo do professor explicando os "fios" que iam sendo puxados, o planejamento das aulas, os fatos ocorridos efetivamente durante seu desenvolvimento e as imagens de cada passo de criação da rede. Tudo isso pensando no leitor que porventura lesse aquele material, para que pudesse compreender o trabalho feito.

Tais livros/portfólios ressaltam a autoria dos alunos na produção do conhecimento e servem como base para avaliações do processo de desenvolvimento individual – e também como registro de tudo que ocorreu no projeto. Ao final, é confeccionado um livro/portfólio único da classe, decidido pela turma, que é encadernado e doado à biblioteca da escola.

Vale destacar que o projeto aqui descrito durou dois meses e outros conteúdos curriculares, que o docente considerava não se adequar ao projeto, foram sendo trabalhados de forma paralela em sala de aula, em momentos específicos. Entretanto, cerca de 75% das atividades didáticas desenvolvidas em sala de aula eram relacionadas ao projeto em questão.

Para encerrar este capítulo, esclareço que seu objetivo essencial foi exemplificar como novos paradigmas em ciência, pautados em princípios de complexidade, interdisciplinaridade e transversalidade – tendo novas metáforas (como a de redes neurais) como referência –, podem contribuir para a construção de novas arquiteturas pedagógicas, de novos modelos de organização escolar que sejam compatíveis com os avanços nos campos da ciência e da cultura.

No próximo capítulo discutiremos como os princípios aqui discutidos contribuem para uma necessária reinvenção da escola e de sua organização curricular, condizentes com as necessidades impostas pela terceira revolução educativa apontada por José Esteve.

.....

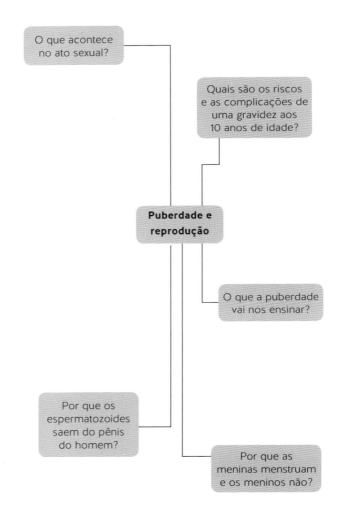

Planejamento inicial da rede

FIGURA 6

TEMAS TRANSVERSAIS, PEDAGOGIA DE PROJETOS
E AS MUDANÇAS NA EDUCAÇÃO

——— Planejamento inicial da rede

FIGURA 7

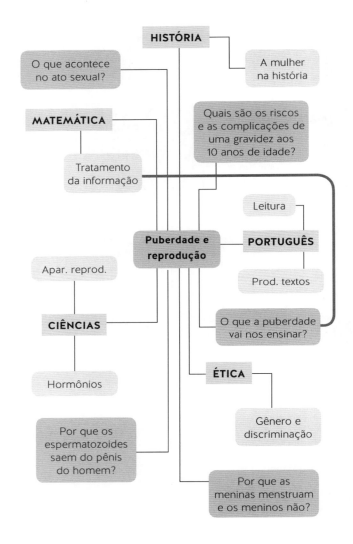

FIGURA 8

TEMAS TRANSVERSAIS, PEDAGOGIA DE PROJETOS
E AS MUDANÇAS NA EDUCAÇÃO

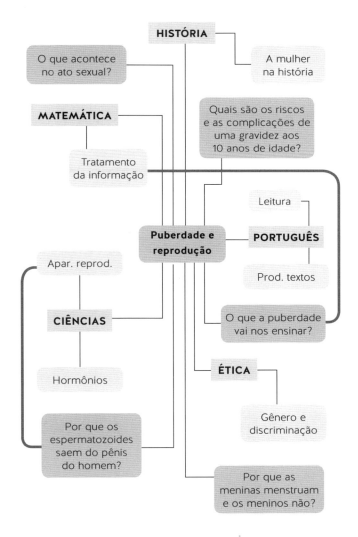

——— Plano de aula docente

——— Planejamento inicial da rede

FIGURA 9

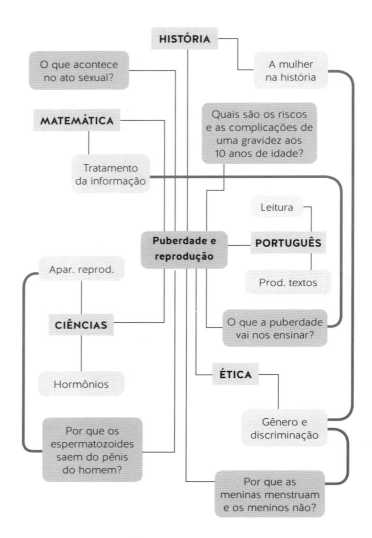

FIGURA 10

TEMAS TRANSVERSAIS, PEDAGOGIA DE PROJETOS
E AS MUDANÇAS NA EDUCAÇÃO

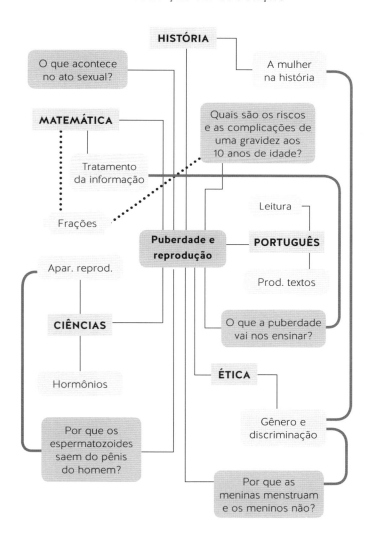

——————— Plano de aula docente
•••••••••• Atividades não previstas
——————— Planejamento inicial da rede

FIGURA 11

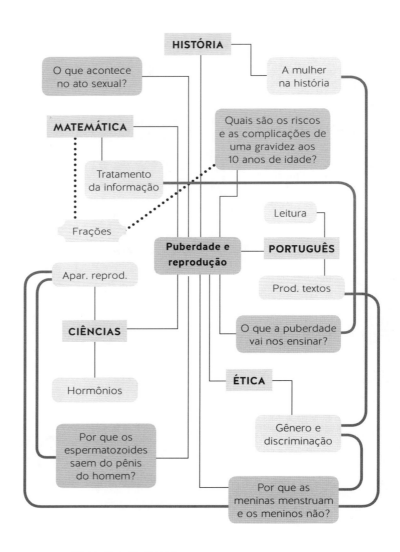

FIGURA 12

TEMAS TRANSVERSAIS, PEDAGOGIA DE PROJETOS
E AS MUDANÇAS NA EDUCAÇÃO

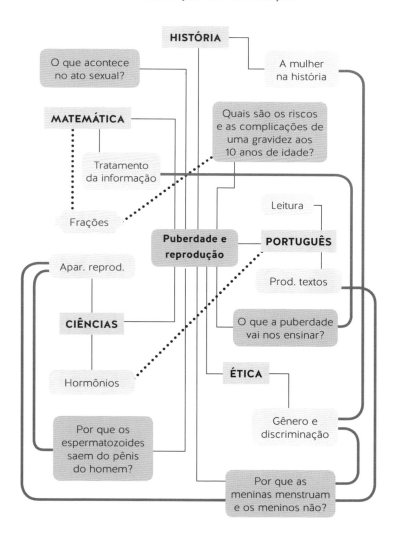

——— Plano de aula docente
•••••••••• Atividades não previstas
——— Planejamento inicial da rede

FIGURA 13

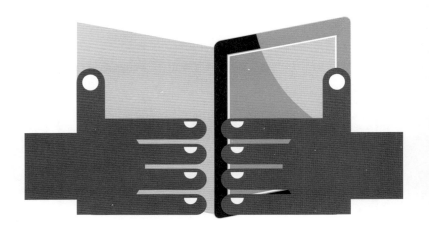

A NECESSIDADE DE REINVENTAR A EDUCAÇÃO

*Ainda não criamos condições nas escolas, instituições
e nos cursos de Pedagogia que não apenas tolerem
o surgimento de incerteza e imprevisibilidade como
de fato desenvolvam valores que ajudem professores
e alunos nessas comunidades a participar de fato de
suas atividades.*

Shulman, 2004

AO FINAL DO PRIMEIRO capítulo, apontamos uma questão de grande impacto na compreensão sobre o mal-estar docente que paira em nossas escolas e salas de aula: será que a educação pública tal como a conhecemos, concebida nos séculos 18 e 19 para atender a uma pequena parcela da sociedade e com um modelo pedagógico-científico em que o conhecimento estava centrado no professor, consegue atender aos anseios e às necessidades da sociedade contemporânea?

De forma geral, como apontei em artigo recente (Araújo, 2011), pode-se entender que a terceira revolução educacional, que provocou a ampliação do acesso à escolarização (acessibilidade), bem como a inclusão de todas as diferenças nos espaços escolares (equidade), vem gerando comprometimento da qualidade da educação e mal-estar nos profissionais que a ela se dedicam por exigir outras formas de se relacionar com o ensino e a aprendizagem. O crescimento da equidade e da acessibilidade vem provocando uma redução na qualidade – o que se configura como um dos maiores desafios a ser enfrentados pelas sociedades contemporâneas (Figura 14).

FIGURA 14 • O sistema educacional brasileiro hoje

Compete à nossa geração de educadores e profissionais da educação enfrentar e vencer esse problema, em prol da justiça inerente aos ganhos democráticos que a terceira revolução educacional gerou ao universalizar a educação e aumentar a possibilidade de igualdade de oportunidades entre as pessoas, apesar de suas diferenças. O desafio, portanto, é aumentar a qualidade, de forma que a universalização do ensino e a democratização que garante a diversidade nos espaços escolares não comprometam a qualidade na educação almejada pela sociedade neste momento histórico (Figura 15).

FIGURA 15 • A educação brasileira ideal e possível

Com base no que foi discutido desde o início deste livro, compreendendo os desafios de diversidade e de universalização impostos pela terceira revolução educacional. Entendemos que nós, educadores e profissionais da educação, precisamos assumir uma postura acadêmico-científica que leve ao que chamamos de "reinvenção" da educação. O modelo de escola e de universidade consolidado no século 19 tem agora, também, de dar conta das demandas e necessidades de uma sociedade democrática, inclusiva, permeada pelas diferenças e pautada no conhecimento inter, multi e transdisciplinar.

Esse processo de reinvenção, no entanto, precisa estar atento à tradição e à conservação, pois tais características são parte essencial da missão social da educação de conservar, transmitir e enriquecer o patrimônio cultural e científico da humanidade. Assim, defendo que essa busca de novas configurações educativas não pode ser concebida de maneira dicotômica, contrapondo tradição e inovação. O *novo* não se assenta sobre o vazio e sim sobre as experiências milenares da humanidade.

O que os movimentos acadêmico-científicos atentos a esses processos de reinvenção da educação vêm defendendo é que as mudanças necessárias para a construção de um novo modelo educativo precisam considerar dimensões complementares de *conteúdo*, de *forma* e de *relações entre professor e estudantes*.

De forma reduzida, entende-se que, do ponto de vista do *conteúdo*, isso implica trazer a dimensão ética, de responsabilidade social e de busca da sustentabilidade para os programas de educação básica, complementando e enriquecendo as novas concepções multi, inter e transdisciplinares de conhecimento. Esse é o papel da transversalidade discutida neste livro – daí a importância de sua implementação nos currículos escolares e nos cursos de formação de professores, preferencialmente, assumindo modelos próximos da segunda concepção de educação transversal apresentada nos Capítulos 4 e 5.

Quanto ao aspecto da *forma*, significa que é urgente repensar tempos, espaços e relações nas instituições de ensino, incorporando, também, as transformações radicais por que vem passando o acesso à informação e ao conhecimento decorrentes das revoluções tecnológicas recentes, atreladas aos processos de democratização da sociedade contemporânea.

Assim, não há como pensar que os processos educativos continuarão funcionando nos modelos estabelecidos no século 19, encerrados em quatro paredes, limitados temporalmente no horário de aulas e baseados numa relação em que alguém detém o conhecimento e o transmite aos demais. As transformações em curso tendem a modificar de forma significativa os processos educativos e de produção de conhecimentos – e a escola não pode alienar-se desses processos que já impregnaram toda a sociedade (inclusive os professores fora de seu horário de trabalho).

A introdução de sistemas educacionais baseados no uso Tecnologias de Informação e Comunicação (TIC) e em ferramentas de aprendizagem aberta e colaborativa é um aspecto essencial nesse processo. A Unesco, em praticamente todos os seus últimos informes, aponta que o emprego dessas ferramentas e perspectivas na educação das próximas décadas pode ampliar o acesso à educação e, ao mesmo tempo, promover sua qualidade.

Com isso, não apenas se muda o conceito de sala de aula baseada na transmissão exclusiva de conhecimentos: a introdução de novas ferramentas e tecnologias digitais, que promovam a interação e as relações sociais em consonância com novas configurações de produção de conhecimento pela humanidade, permite vislumbrar novas formas de organização dos tempos, espaços e relações nas instituições de ensino. A possibilidade de incorporar diferentes linguagens nas relações educativas – apoiadas em recursos multimídia e em outras formas de conceber as relações de ensino-aprendizagem – e a diversidade derivada do acesso de todas as pessoas às escolas e universidades levam-nos ao limiar de algo inédito na história da humanidade. E isso não deve ser ignorado pelas instituições responsáveis por políticas e cursos de formação de educadores.

Porém, o essencial em todo esse movimento é a mudança no eixo, no próprio papel dos sujeitos envolvidos nos processos educativos. Isso é o que configura a terceira dimensão dos processos de reinvenção do ensino: *a relação entre docentes e estudantes*. Autores como Shulman (2004) e Weimer (2002) mostram que a relação ensino-aprendizagem deve sofrer uma inversão, deixando tal processo de centrar-se no ensino e passando a apoiar-se na aprendizagem e no protagonismo do sujeito da educação.

Assim, a construção dos conhecimentos pressupõe um sujeito ativo, que participa de maneira intensa e reflexiva dos processos educativos, como discutimos no Capítulo 3 ao apontar os caminhos do construtivismo. A reinvenção das práticas educativas deve considerar um sujeito que constrói sua inteligência, sua identidade, e produz conhecimento por meio do diálogo estabelecido com seus pares, com os professores e com a cultura, na própria realidade cotidiana do mundo em que vive. De novo, refiro-me a alunos que são *autores do conhecimento*, e não meros reprodutores daquilo que já foi produzido. E, também, a um novo papel para os professores – que, de únicos detentores do conhecimento, passam a ser *também* mediadores do processo. É assim que a diversidade dos estudantes tornar-se-á a matéria-prima do trabalho pedagógico.

Metodologias ativas de aprendizagem são o cerne dessa perspectiva, e nos Capítulos 4 e 5 apontam-se caminhos para compreender o papel ativo do aprendiz e o papel de mediador do docente. De acordo com Araújo e Sastre (2009), a Aprendizagem Baseada em Problemas (ABP) cumpre esse papel e deve ser incorporada como eixo central das práticas pedagógicas.

A ABP, de acordo com Mayo *et al.* (1993, p. 227), é uma

> estratégia pedagógica que apresenta aos estudantes situações significativas e contextualizadas no mundo real. Ao docente, mediador do processo de aprendizagem, compete proporcionar recursos, orientação e instrução aos estudantes, à medida que eles desenvolvem seus conhecimentos e habilidades na resolução de problemas.

Para melhor compreender essa perspectiva pedagógica, veja no Capítulo 5 como os alunos, com base em sua realidade e em seu interesse, constroem os problemas que vão direcionar parcialmente o currículo.

De forma complementar está a concepção de Aprendizagem Baseada em Problemas e por Projetos (ABPP). Esta segue os mesmos princípios anunciados antes, mas os problemas são enfrentados/estudados de forma coletiva e colaborativa por um grupo de pessoas e não individualmente. Esse modelo coletivo de resolução de problemas, em grupo, por meio de projetos, também visto no Capítulo 5, configura-se hoje como uma das metodologias ativas de aprendizagem mais difundidas na educação contemporânea.

Assim, entendemos que a adoção da Aprendizagem Baseada em Problemas e por Projetos (ABPP) pelas instituições educativas é uma ferramenta poderosa para formar uma nova geração nas condições exigidas por sociedades que buscam estruturar-se em torno de conhecimentos sólidos e profundos da realidade, visando à inovação, à transformação da realidade e à construção da justiça social.

Utilizando os conteúdos e a concepção de transversalidade aqui discutidos, além das novas formas de organizar tempos e espaços na escola – com o uso intensivo de Tecnologias de Informação e Comunicação –, poderemos vencer o desafio de reinventar a educação, conciliando qualidade, acessibilidade e equidade.

Em síntese

Atentos às revoluções educacionais ocorridas na história da humanidade, e depois de discutir neste livro formas de compreender as funções e os objetivos da escola – principalmente os desafios que a diversidade e a universalização do ensino trouxeram para a educação contemporânea –, trilhamos um caminho que passou pelas propostas cartesianas e interdisciplinares até chegar à transversalidade.

Nessa concepção epistemológica, apontou-se como trazer para o cotidiano da sala de aula e dos projetos político-pedagógicos das escolas a preocupação com a educação em valores e a busca de solução para os problemas sociais, bem como a tentativa de ligar conteúdos científicos e culturais à vida das pessoas. Sua implementação efetiva solicita uma decisão política e pessoal dos agentes envolvidos na educação, mas seus pressupostos serão mais facilmente atingidos se a prática cotidiana for imbuída dos princípios do construtivismo e da ideia de autoria e de participação dos sujeitos da educação na construção do conhecimento.

A estratégia de projetos, pela abertura que dá às incertezas e indeterminações do trabalho pedagógico, é um caminho promissor para a transformação dos tempos, dos espaços e das relações interpessoais na sala de aula. Por isso, apresentou-se nas últimas páginas uma proposta concreta e real para promover tal trabalho, empregando a metáfora da "rede" como referência.

Por fim, discutimos a necessidade de nossa geração profissional reinventar a escola, a fim de atender às demandas de uma escola baseada na diversidade e na universalização do acesso. Para enfrentar esse desafio, devemos considerar, na reorganização da ações educativas, dimensões complementares de *conteúdo*, de *forma* e de *relações entre professor e estudantes*.

Essas são as teses centrais que emolduram o presente livro e espero que sejam objeto de reflexões e de construção de novas práticas em nossas escolas.

Para concluir, digo que a educação não passa incólume pelas transformações sociais, políticas e econômicas que vivenciamos nas décadas recentes; ela precisa se "reinventar" para continuar ocupando o papel de destaque que lhe foi dado nos últimos 300 anos. Paradoxalmente, essa "reinvenção" depende tanto de sua capacidade de conservar suas características de excelência e de produtora de conhecimentos como da de adaptar-se às exigências sociais, culturais e científicas atuais. É trabalho de nossa geração de educadores construir práticas educativas e políticas públicas que levem as novas gerações a uma sociedade mais justa, solidária e feliz.

REFERÊNCIAS

ALVES, N.; GARCIA, R. *O sentido da escola*. Rio de Janeiro: DP&A, 1999.

ARAÚJO, U. F. *A construção de escolas democráticas: histórias sobre complexidade, mudanças e resistências*. São Paulo: Moderna, 2002.

____. *Temas transversais e a estratégia de projetos*. São Paulo: Moderna, 2003.

____. "A quarta revolução educacional: a mudança de tempos, espaços e relações na escola a partir do uso de tecnologias e da inclusão social". *ETD – Educação Temática Digital*, Campinas, v. 12 (esp.), 2011, p. 31-48.

ARAÚJO, U. F.; AQUINO, J. G. *Os direitos humanos na sala de aula: a ética como tema transversal*. São Paulo: Moderna, 2001.

ARAÚJO, U. F.; SASTRE, G. *Aprendizagem baseada em problemas no ensino superior*. São Paulo: Summus, 2009.

BRASIL. *Parâmetros Curriculares Nacionais: apresentação dos temas transversais e ética*. Brasília, MEC/SEF, 1996.

CAMBI, F. *História da pedagogia*. São Paulo: Ed. da Unesp, 1999.

COLBY, A.; SULLIVAN, W. M. "Strengthening the foundations of students' excellence, integrity, and social contribution". *Liberal Education*, v. 95, n. 1, 2008, p. 22-29.

DEMO, P. *Ironias da educação: mudança e contos sobre mudança*. Rio de Janeiro: DP&A, 2000.

ESTEVE, J. M. *A terceira revolução educacional: a educação na sociedade do conhecimento*. São Paulo: Moderna, 2004.

GALLO, S. "Transversalidade e educação: pensando uma educação não disciplinar". In: ALVES, N.; GARCIA, R. (orgs.). *O sentido da escola*. Rio de Janeiro: DP&A, 1999.

HERNÁNDEZ, E.; VENTURA, M. *A organização do currículo por projetos de trabalho*. Porto Alegre: Artes Médicas, 1998.

LÉVY, P. *As tecnologias da inteligência: o futuro do pensamento na era da informática*. São Paulo: 34, 1993.

MACHADO, N. *Epistemologia e didática: as concepções de conhecimento e inteligência e a prática docente*. São Paulo: Cortez, 1995.

____. *Educação: projetos e valores*. São Paulo: Escrituras, 2000.

MAYO, P. et al. "Student perceptions of tutor effectiveness in problem based surgery clerkship". *Teaching and Learning in Medicine*, v. 5, n. 4, 1993, p. 227-33.

MORENO, M. "Temas transversais: um ensino voltado para o futuro". In: BUSQUETS, M. D. et al. (orgs.). *Temas transversais em educação*. São Paulo: Ática, 1997.

MORENO, M. et al. *Falemos de sentimentos: a afetividade como tema transversal*. São Paulo: Moderna, 1999.

MORIN, E. " Articulando os saberes". In: ALVES, N.; GARCIA, R. (orgs.). *O sentido da escola*. Rio de Janeiro: DP&A, 1999.

____. *Introdução ao pensamento complexo*. Porto Alegre: Sulina, 2001.

NAJIMANOVICH, D. *O sujeito encarnado: questões para pesquisa no/do cotidiano*. Rio de Janeiro: DP&A, 2001.

PÁTARO, R. *O trabalho com projetos na escola: um estudo a partir de teorias de complexidade, interdisciplinaridade e transversalidade*. Dissertação (mestrado em Educação) Universidade Estadual de Campinas (SP), 2008.

PUIG, J. *A construção da personalidade moral*. São Paulo: Ática, 1998.

PUIG, J.; MARTÍN, X. *La educación moral en la escuela*. Barcelona: Edebé, 1998.

RUÉ, J. *Qué ensenar y por qué: elaboración y desarrollo de proyectos de formación*. Barcelona: Paidós, 2002.

SCHNITMAN, D. (org.). *Novos paradigmas, cultura e subjetividade*. Porto Alegre: Artes Médicas, 1998.

SERRES, M. *A comunicação*. Porto: Rés, 1998.

SHULMAN, L. S. *The wisdom of practice*. São Francisco: Jossey Bass, 2004.

SMITH, A. W. *História da Bíblia: velho testamento*. São Paulo: Ibrasa, 2000.

UNESCO. *2009 World Conference on Higher Education: the new dynamics of higher education and research for societal change and development*. Paris: Unesco, 2009. Disponível em: ‹ http://www.unesco.org/fileadmin/MULTIMEDIA/HQ/ED/ED/pdf/WCHE_2009/FINAL%20COMMUNIQUE%20WCHE%202009.pdf›. Acesso em: 15 maio 2014.

WEIMER, M. *Learner-centered teaching*. São Francisco: Jossey-Bass, 2002.

YUS, R. *Temas transversais*. São Paulo: Artes Médicas, 1998.

www.gruposummus.com.br

IMPRESSO NA
sumago gráfica editorial ltda
rua itauna, 789   vila maria
02111-031   são paulo   sp
tel e fax 11 **2955 5636**
sumago@sumago.com.br